突然の争族を防ぐ！

子が知っておくべき相続対策

幻冬舎MC

はじめに

「えっ！　うちにも相続税がかかるんですか!?」

突然亡くなった父親の葬儀を終えて、ようやくひと息ついたAさん（50代）を襲ったのは、思いもかけぬ相続税の問題でした。

Aさんの父親は会社を辞めたあとは年金暮らしで、特に裕福だったわけではありません。父親は現預金をほとんど遺しておらず、それどころか5000万円ほどの借金があったのです。

しかし、父親が亡くなるまで住んでいた東京某区の自宅は、土地と建物の評価額だけで約8000万円になり、500万円ほどの相続税が発生しました。遺産となった自宅と土地を売れば現金にして借金と相続税の支払いに当てられますが、借金の担保にしていたため抵当権がついており簡単には売れません。

そのため、Aさんは、借金と相続税の支払いを、自分の財産から捻出しなければならなくなったのですが、2人の子どもが私立大学に通っているAさんには、それだけの現金を用意する余裕がありませんでした。そこで、結局、父親が遺した土地を担保にして、銀行から追加で融資を受けて、相続税を支払うことになったのです。

近年、Aさんのようなサラリーマン家庭での相続税にまつわるトラブルが増えています。2015年の税制改正で、相続税が課税される遺産額の水準は大きく引き下げられ、相続人が1人の場合、3600万円を超える相続財産があれば相続税がかかるようになりました。「相続財産」には、不動産なども含まれますので、都市部に家やマンションをもっていたり、コツコツお金を貯めて一定以上の金額になったりしていれば、すぐに相続税の課税対象になってしまいます。実際、相続税を納める人は、税制改正前の2倍に急増しています。

相続税は一部の資産家が納めるもの——。そんなイメージがあるかもしれませんが、もはや一般のサラリーマン家庭にも無縁な話ではなくなっているのです。Aさんのように、「親は普通のサラリーマンだったから、相続対策は必要ない」と間違った思い込みをしていると、突然直面した相続税の支払いができず、税金の支払いのために借金をしなければならないことにもなりかねません。

私は、2000年に税理士事務所を開業して以来、相続対策を専門に600件以上の相続税申告を担当してきました。

その経験のなかから実感しているのは、普通のサラリーマン家庭こそ、「円満相続」を迎えるためにしっかり相続のことを学び、準備をしておく必要があるということです。

普通のサラリーマン家庭では、「相続税など関係ない」と思い込んでしまい、何も準備をしていない方がほとんどです。そのため、2015年の税制改正以降、突然発生する相続税の申告や納税に窮した子世代の相談が増えています。なかには、親の生前に対策しておけば支払う必要のなかった税金を、支払わなければならないケースも多くみられるのです。

また、遺産分割を巡ってきょうだい同士の仲が悪くなり、大きな禍根を残すこともあります。特に、きょうだいのうちの一人が、長年親の介護を行っていたり、金銭的な負担があったりした場合には、揉め事に発展するケースが多くなります。
このようなトラブルに陥らないためには、両親が65歳になったら相続人である子どもから、相続対策の話し合いを持ち掛け、親と一緒に準備を進めておくことが重要です。もし、それがなされていないと、あとで困るのは遺された子どものほうなのです。

とはいえ、いきなり子どもから両親に対して「財産はいくらあるのか」「相続対策はしているのか」などと聞くのも角が立ちます。また、話をするにしても、相続とはどんなものか理解していないと、なにを話せばいいかも分からないでしょうし、相続対策を講じていくこともできません。

そこで本書では、60代以上の両親をもつ40~50代の子ども世代に向けて、「どのようにして親と相続の話をすればいいのか」といった実際的な部分も含めて、相続の基礎知識を説明します。
まず相続を巡る最近の状況や、一般的なサラリーマン家庭でも生じがちなトラブルを確認したうえで、相続の手続の基本を分かりやすく解説していきます。そしてその基本を踏まえたうえで、トクする相続税対策についてもご紹介します。

これまでに私が担当した事例を中心に、相続にあたって本当に大切なことは何かという、子ども側の心構えについても述べていきます。

本書には、私の30年にわたる税理士業務のエッセンスを込めたつもりです。ぜひ円満な相続のために、本書をお役立てください。

突然の争族を防ぐ！　子が知っておくべき相続対策　目次

[第2章]　～ゼロから分かる相続の基本～　「子」が知っておくべき、相続の基礎知識を学ぶ

[第3章]　～はじめての相続対策、7つのステップ～　家族会議を開催!　親と相続について話し合う

［第4章］　〜相続税を節税するテクニック〜　早めの対策で、相続税ゼロを目指す

［第1章］

相続財産1000万円以下でも争いが起きる⁉

～相続を巡り多発するトラブル～

《登場人物》

渡辺元太（45歳）
主人公。建設会社A社の設計課長。
マンションに、妻と高校生の子ども一人と暮らす。

渡辺源一郎（75歳）
渡辺元太の父。妻に先立たれ一戸建てに独り暮らし。

坂下信吾（50歳）
建設会社A社の設計部長。渡辺元太の上司。

竹内恵子（64歳）
税理士。

上司の忠告

「おい渡辺、〝キソコウジョ〟って知ってるか？」

坂下部長からそう言われたとき、渡辺元太はてっきり仕事の話だと思いました。

「基礎工事ですか？」

「違う。工事じゃなくて、控除。相続税の話だよ」

渡辺と部長は、会社の社員食堂で並んで昼食を食べていたのですが、雑談のなかで、先日支給されたボーナスを何に使おうかといった話題になったとき、不意に部長が相続の話を始めたのです。

（そういえば、部長のお父さんが亡くなったのは、3カ月くらい前だったな）と、渡辺は思い出しました。

「基礎控除っていうのは、遺産がその金額までだったら、相続税を払わなくていいと決められている金額だ。うちはその金額を超えていたから、相続税を払わなくちゃいけなくなって……」

「相続税ですか……」

いくらかかったのだろうかと、興味が湧きましたが、さすがにそこまで立ち入ったことを上司に直接聞くのははばかられて、渡辺は言葉を濁しました。

「俺のところは全部で500万ほどだった。弟と折半して、一人あたり250万！　サラリーマンにとって痛手だよな。相続税なんて金持ちにかかるもので、うちなんかには関係ないと思ってたから参ったよ」

渡辺の遠慮などまったく気づいていないようで、部長は開けっぴろげに話します。

「俺は全然知らなかったんだけど、基礎控除額ってのが5年ほど前に引き下げられていて、今はこれが意外と低い金額になってたんだよ。だから、うちの親父みたいに、持ち家くらいしか資産と呼べるようなものを残さなかった一般のサラリーマン家庭でも、相続税がかかるようになったというわけさ」

「ご実家には、今どなたが住んでいるのですか？」

部長の家は、会社から2、3駅離れたマンションだったはずです。

「弟は大阪に住んでいるから、親父が死んだあとは空き家だよ。それをどうしようかと弟とも話し合ったんだけど、結局売ることにしたよ。相続税を払うのに、現金も必要だったしな」

「もったいない気もしますね」

「そうだな、俺もそう思う。大学まで家族で暮らした思い出の場所でもあるし、できれば売りたくないけどな……。でも、俺か弟か、どちらかがもらうというのも、不公平になってしまう。結局、売ってお金に換えて、公平に分割するのが一番トラブルが少ないんだよ」

「トラブルですか？」

「ああ、親父が亡くなってから、相続のことをいろいろ調べたんだけど、今、相続トラブルがすごく多いらしいんだ」

家族だからこそトラブルになる

「トラブル……。遺産を巡っての泥沼の争いですか。殺人事件になったり、『犬神家の一族』みたいな？」

「お前、古いな……。もっと普通の家族、それこそ相続税なんかかからないような、1000万円やそこらの遺産しかない家でも、50万円、100万円を巡って相続トラブルが起きるんだよ。『争』に『族』って書いて〝争族〟っていう言葉があるくらいだけど、それがどんどん増えてるんだ」

「50万円とか、100万円とか、そんな金額で、家族なのにもめるということですか？　他人じゃないのに？」

渡辺には、ちょっと不思議な気がしました。

「それが間違いなんだ。『家族なのに』っていうのが、逆なんだよ」

食事を食べ終えた部長は、湯飲みのお茶をごくりと飲んで、続けました。

「他人じゃなくて家族だからこそ、長年の感情のもつれが積み重なっていたり、どうして分かってくれないんだ、という気持ちが強くなって、わずかな金額でもトラブルになりやすいんだ。例えば、兄貴は大学に進学させてもらえたのに、妹は女だからと高校までしかいかせてもらえなかったことを恨んでいる、とか。親の介護を、兄弟のうちの一人だけがしていたら、その苦労をどうしてくれるんだ、とか。しかも兄弟というよりも、その奥さんが介護をしていたとか、そういうことがあると金額の話じゃなくなってくるんだそうだ」

「確かに奥さんや旦那さんが絡んでくると、ややこしくなりそうですね」

「うん。それはよくあるらしい。幸い、うちの親父は亡くなる直前まで元気で介護もほとんど必要なかったし、几帳面な性格で遺言書もあったから、そういうことは関係なかったけど……。渡辺の家はどうなんだ？」

「うちも、部長のところと似ていて、父が一人で実家に住んでいますよ。75歳ですけど、ピンピンしてます」

「それはなによりだが、でも、お父さんが元気ならなおさら、元気なうちに相続のことも少し話し合っておいたほうがいいぞ」

「そうかもしれないですね。部長の話を聞いてちょっと心配になってきました」

渡辺は、すっかりぬるくなったお茶を飲みながら、そういえば、親父ともしばらく会ってなかったな、と考えていました。

他人事ではない！　サラリーマン家庭でも相続税がかかる人が増えている

２０１５年に相続税法の大きな改正がありました。この改正で、基礎控除額（相続税の計算にあたって遺産総額から引いてもらえる額）が大きく引き下げられたことから、相続税の課税対象となる人は、以前と比べて大幅に増えました。

相続税は、亡くなった人がもっていた資産などが受け継がれた場合に、その受け継がれた資産に対してかかる税金です。ただし、一定の「基礎控除額」（＝資産から差し引いて計算できる金額）が定められており、相続された資産額が基礎控除額以下であれば、相続税はかかりません。２０１５年までは、この基礎控除額が大きかったため、一般的なサラリーマン家庭で相続される資産額が簡単に超えることは少なかったのです。つまり、相続税がかかるのは、かなりの資産をもつ地主や富裕層だけでした。その過去のイメージがまだ残っているため、そもそも自分の家庭には相続税がかかると思っておらず、いざ相続が起きてから、「え!?　うちにも相続税がかかるのですか！」と、驚く人が少なくないのです。

［図表1－1］法定相続人別の基礎控除額

相続財産が下記の金額を超えていると、相続税がかかる可能性がある

法定相続人の数	1人	2人	3人	4人	5人	6人
改正前	6,000万円	7,000万円	8,000万円	9,000万円	1億円	1億1,000万円
改正後	3,600万円	4,200万円	4,800万円	5,400万円	6,000万円	6,600万円

以前は、「5000万円＋（1000万円×法定相続人の数）」であったのに対して、改正後では「3000万円＋（600万円×法定相続人の数）」になりました。

なお、計算式に登場する「法定相続人」とは、原則として、法律で定められた相続人のことをいいます。例えば、父が亡くなった家庭で、母と2名の子がいるのであれば、法定相続人は3人です。

上の表を見ると、法定相続人が1人の場合、改正前は基礎控除額が6000万円でした。つまり相続財産が6000万円までは相続税はかかりませんでした。ところが改正後は3600万円を超える相続財産があれば相続税がかかる可能性があります。

国税庁の資料によると、この改正により、相続税がかかる

人の割合が、従来の約4％から、約8％へと倍増しました。また、この4％、8％という数値は、あくまでも全国平均であり、東京はもちろん地方の都市部といった地価の高い地域ではもっと高くなります。なぜなら、自宅の土地をもっているだけで課税対象となることが少なくないためです。例えば東京都杉並区など、1㎡あたりの土地の路線価が40万円を超える場所に40坪（132㎡）の自宅不動産があれば、その土地評価額だけで5000万円を超えてしまいます。最近では、そうした一等地といわれる場所でなくても、再開発や観光需要が見込める土地などの場合、購入時より地価があがっており、基礎控除の額を超えてしまうことも珍しくありません。なかには自分の家には自宅の土地しかないと思っていたところ、親が亡くなり、親が祖父から相続していた見たこともない土地があることが判明したようなケースもあります。

さらに、相続財産には建物の評価額、預貯金など他の財産の価額（品物の値打ちに相当する金額）が乗るため、預貯金が仮に1000万円だとしても、基礎控除額を大幅に超えてしまい、相続税の申告・納税が必要となります。私の事務所のある静岡県の浜松でも、浜松西税務署管内では13～15％くらいの人に相続税がかかっています。改正前の相続税法時代のイメージをもったまま「うちには相続税はかからない」と思い込んでいると、いざ相続が起きてから慌ててしまうことになります。

相続が起きてから申告期限までには10カ月ありますが、相続税を申告するには、法定相続人間で遺産分割の話し合いを行い、それぞれの相続財産が決まった後に、各財産の評価などを行い申告する必要があります。申告の前段階としてやるべきことが多いため、あっという間に期限が迫ってきてしまいます。相続税を申告期限までに申告し、きちんと納付したいという意思があっても、遺産分割について話し合いが進まず、相続する財産が決まるまでに時間がかかってしまったり、相続人が音信不通になっているなどなんらかの事情により間に合わない、ということは十分起こり得ます。

もし納付期限までに相続税を申告・納付しなかった場合や、申告を行ったものの内容が過少申告だった場合などには、ペナルティとして追徴課税の処分を受けることがあるので、被相続人が元気なうちから相続税について調べておくことは不可欠です。

また、相続税は事前の対策をすることで、大きく税額を減らすこともできます。遺産の分け方を工夫することで相続税を減らすこともできますが、被相続人が亡くなった後の節税対策には限度があります。「自分たちには相続税がかかるのか」、「具体的にいくらになるのか」ということは、早めに税理士に正しい試算をしてもらうことが有効です。

資産はあるのに「納税するお金」がない！

相続税について節税対策と同じくらい重要となるのが、納税資金の確保です。2015年の改正以降、相続税が発生したために、支払うための資金対策に苦慮したという人は、相当数に上ります。いくら土地や建物、自社株などをたくさん持っていたとしても、現金がなければ相続税は支払えません。最近では、大戸屋HDの経営権をめぐるTOBも、その発端は創業者の急逝に伴い相続税が支払えず、創業家が納税資金確保のために株式を売却したことであったとされ、話題となりました。

現金一括払いのほかにも、分割払いをする『延納』や、モノで納める『物納』という制度があります。原則は延納となり、延納したとしても現金で相続税を納められない場合に限り、相続財産の一部を物納することが認められています。そのため、「納税資金に困れば、延納すれば良い」というふうに思っている人もいます。しかし、延納は決しておすすめできません。

1つ目の理由としては、延納をするには、利息に相当する利子税の支払いが必要なのですが、この利子税が、銀行でお金を借りる金利よりも高いためです。利子税がどの程度なのかは遺産に占める資産の内訳や延納期間によって異なりますが、銀行金利に1%加算した程度です。そのため、延納を選択して利子税を支払うよりも、銀行からお金を借りて相続税を現金一括で納め、その後銀行に利息を払って返済していくほうが、納税者にとって得だといえます。

もう1つの理由は、延納をするには担保の提供が必要となるためです。そのため、そもそも担保に適した財産がなければ延納は選択できません。また、担保を提供するとその不動産に抵当権が付きますが、いったん抵当権が付くと、延納が終わってからもその傷跡が登記として残ってしまいます。これにより、あとからその不動産を売却しようとした際に、「この家、相続税が払えなかったから担保物件になっていたのか」と、丸わかりになってしまうのです。この点を好ましく思わない人にとっては、延納は避けたいところです。こうした理由から、最近では、延納の担保にできるような土地があるのであれば、その土地を担保に金融機関からお金を借りて相続税にあてるケースが増えています。いったんお金を借りて、その後、その不動産の売却ができ次第、一括で返済をする形です。

遺産の中心が不動産の場合は、特に注意!

サラリーマン家庭においては、遺産の中心となるのは実家の土地建物ということがほとんどです。相続財産の多くが不動産である場合には、後の納税資金まで考慮して相続対策を考えておかなければなりません。遺産の中に不動産が多いと、いざ相続税を支払おうとしても、すぐに換金できず、その支払いに苦慮してしまう可能性が高いです。ほかにも、不動産が多いと、遺産を分けるにあたり、金銭のように分割できないので公平に分けることが難しくなる点も問題です。さらに、その不動産が賃貸収益を生んでいる場合には、その収益が被相続人の資産として年々加算されていくので、相続税の計算にも影響します。

例えば、父が亡くなり、母と子どもが相続人となる相続が発生したとします。亡くなった父が生前に、「お母さんに老後の生活資金がないと困るだろう」と考えて、母には現預金を相続させ、子どもには不動産を相続させる旨の遺言書を遺したとします。子どもが自分自身で金融資産をたくさん持っていればいいのですが、そうではないとすると、子どもは相続税の納税資金に困ることになります。かといって、もし、子どもの相続税を母が代わりに支払うと、今度はその資金は母から子どもへの贈与だとみなされて、贈与税が課される可能性があります。税金は、必ず課税された本人が、自分の資産から払うものだということも知っておいてください。

遺産に占める不動産の割合について、参考となるデータとして国税庁が公表している統計があります。相続税を申告した方のうち、遺産における不動産の割合は、2018年分で3分の1程度でした。以前はこの割合が2分の1程度だったのですが、この比率が下がってきている傾向にあります。これは、不動産ばかりでは、相続が起きたあとで困るという情報が浸透しつつあるため、早くから不動産の比率を下げる方が増えているためです。

私の経験で言えば、相続対策を何もされていない方ほど、財産における不動産の比率が多い印象です。相続対策として、あらかじめ不動産の割合をある程度下げておくことも考えておく必要があります。

私は、こういった納税資金の準備に至るまで税理士としてアドバイスをしていますが、それでも、相続が起きてしまったあとでできる対策には限度がありますし、死亡後10カ月以内に納税すべきという時間的な制約も厳しいものです。そのため、やはり生前、元気なうちから親子でよく話し合い、対策をしておいてほしいと思います。

相続税がかからなくても油断はできない

仮に相続税がかからない程度（3000万円以下）の相続財産しかない家庭だとしても、「〝争族〟トラブル」とは無縁かといえば、そんなことはありません。

家庭裁判所が公表しているデータによれば、相続トラブルによる裁判は、2000年には8889件だったものが、2019年には約1万2785件（終結ベース）となっており、この期間で約1・5倍にまで増えています。さらに、裁判所が公表しているデータによれば、相続争いのうち30％以上が、遺産総額1000万円以下の相続で発生しています。遺産総額5000万円以下で見れば、実に全体の75％以上を占めているのです。

相続でトラブルになってしまうのは、富裕層ではなく、むしろ遺産額が少ない家庭です。特に遺産総額1000万円以下のケースでは、自宅の不動産も所有していない、借家暮らしの家庭において、〝争族〟トラブルが起きているのです。

なぜなら普通のサラリーマン家庭においては、「うちには、たいした財産なんてないから、遺産争いとは無縁」、そう油断して何も対策をしないまま亡くなる方が少なくありません。富裕層は相続税がかかることを予想しているので、早くから専門家へ相談のうえ、相続税対策はもちろん、遺産分割の方法についても、対策を行っているケースが多いのです。一方で、一般的なサラリーマン家庭などでは、相続に対してあまり真剣に考えないまま対策をせず、亡くなることがほとんどです。そのため、ちょっとしたきっかけでトラブルになると、泥沼化してしまいます。また、対策が不足してしまっていたり、間違った対策をしてしまったりしているケースもあります。

増加する家族間の〝争族〟トラブル

どうして〝争族〟が起きてしまうのか、これにはさまざまな要因がありますが、その一つに時代背景が考えられます。まず、平成時代の長期デフレや昨今の新型コロナ禍において、経済的に困窮する人が増えていることは、見逃すことができません。相続を受けるのは、子どもの教育費やローンの支払いなど、お金を必要とする世代が多いと思います。お金に余裕がなければ、「もらえるものはもらいたい」と思う人は少なくないからです。

加えて、1947年の民法改正後の考え方が、核家族化とともに徐々に浸透してきた面もあるかと思います。この改正以前は、家を継ぐ人が財産のほとんどを引き継ぐといった家督相続の制度が法律で定められていました。これが、改正後、子であれば皆平等という現在の制度に変わったのです。法律が変わってから半世紀以上が経ち、現行制度どおりの考えをもつ人が増えてきている一方で、いまだに家督相続的な考えをもつ人も少なくありません。この両者が一つの相続で混在したり、財産を残す親が「家を継ぐ長男がすべて相続するのが当然だろう」と長男以外の子の意見も聞かないまま思い込み、なんら対策をしないまま亡くなったりする可能性もあります。その場合、トラブルになってしまいかねません。

また、家族間の感情のもつれも〝争族〟の大きな要因の1つです。例えば、家族のだれかが、なんらかの理由により、「不公平だ」と強く感じてしまうことにより、〝争族〟へと発展するケースが少なくありません。例えば、結婚をして家を出た長女が実家へ帰ってきた際に、「子どもが習い事をしたいのだけど、ちょっと援助してくれない?」と親に頼んだりする場合です。そう頼まれれば、親はかわいい孫のために、いくらかの援助をしてしまうものです。そのときに、「お兄ちゃんには内緒ね」といって隠しても、実は兄は気づいているということがあります。すると、当然ながら兄は不公平感をもちます。

ほかにも、「長男の妻だけが介護の負担を担ってきた」「姉だけが頻繁に子の面倒をみてもらってきた」あるいは「弟は海外留学に行かせてもらった」など、不公平を感じる要素は、たくさんあります。そしてそうした不満は、感じた本人以外には分からないこともあるのです。そういう一つ一つは小さな不満でも、それが長年にわたって心のなかで積もっていると、相続をきっかけに、感情がこじれてしまうことがあります。

〝争族〟トラブルが起こるのは、お金の問題が理由とは限らず、むしろそれは感情をこじらせてしまった「結果」であることが多いのです。私の経験上、「感情が、勘定に」、これこそが、〝争族〟トラブルの正体のように思えます。このような日本人の家督相続的な考えや家族のあり方が踏襲されていく以上は、今後も〝争族〟トラブルは増えていくと考えられます。

相続対策は、親が倒れてからでは間に合わない

いくら子ども側が〝争族〟トラブルを避けるために事前に準備をしたいと思っていても、相続税対策を実際に行うことができるのは、被相続人である親だけです。いざ親が倒れてしまうと、不動産の比率を減らしたり、遺言書の作成や生前贈与をしたりといった相続対策をすることはできません。それどころか、ある日突然親が脳梗塞などで意識不明のまま入院をしてしまえば、相続やお墓、仏壇などについての想いを聞くことも、もうできなくなるのです。

さらには、親の銀行口座からお金を引き出すことさえもできず、入院が長引いて治療費がかさんでしまった場合であっても、原則として、親の口座からは支払うことができません。

相続対策だけにとどまらず、いざ親が突然倒れてしまったらどうするのか、できるだけ早めに考えておくことをおすすめします。

私は相続対策において最も大切なことは、親との関係を良好にしておくことだと考えて

います。なぜなら、もし良好な関係性ができていなければ、親は子どもに対して相続の話などなかなかしません。年に数回用事があるときに顔を合わせるだけという状態で「父さん、相続はどう考えていますか」といきなり切り出せば、「俺はまだ元気なのに、遺産を狙っているのか！」と怒らせてしまうこともあります。相続対策は、子どもだけがいくら悩んでいても、親自身が腰を上げないことには、進んでいきません。親に相続対策に真剣に取り組んでもらうためには、親の気持ちに寄り添い、どうしたいと考えているのかを聞かせてもらうことから始める必要があるのです。

しかし、親に相続について考えてもらえるのかについて、〝ウルトラC〟のようなワザは、残念ながらありません。それでも、相続の話をするための土台をつくっていくことで、親の本音を聞き出しやすくなります。例えば、子ども側が積極的にイベントを企画して、一緒に時間を過ごすようにするなどです。それぞれが家庭をもつことで少し離れてしまったかもしれない家族関係を、もう一度構築するようなイメージです。イベントといっても、別にたいそうなものではなく、例えばお正月やお盆を一緒に過ごすとか、親の誕生日会をしたり、お月見や節分の豆まきをしたりとか、そういったもので良いと思います。大切なのは、幼い頃などに家族でしていたイベントで、親がうれしそうにしていたものは何だったのかを思い出して企画することです。それぞれが家庭をもち、従来と異なる生活サイクルになってしまっている場合は、イベント的に集まって一緒の時間を過ごしていくなかで、自然と親が「ああしてほしい、こうしてほしい」という本音を話してくれるのを待ったり、冗談交じりに「親父、動けなくなったらどうするんだよ」という話ができるようになったりしていくのです。面倒に感じるかもしれませんが、相続のようにナイーブな話をしてもらうには、このように良好な関係をつくり、きちんと意思疎通ができるようにする努力は欠かせません。意思疎通がないまま「相続はどうするのか、財産はどのくらいあるのか」と言えば、親が怒るのは当然です。相続の話を切り出す前に、日頃の関係再構築から始めてみてください。

親と一緒に相続対策の準備を始めていく時期の目安としては、親が65歳くらいになったときからだと考えてください。それよりも高齢になると、突然病で倒れたり、認知症を患ったりという可能性が高くなります。親が元気なうちに、一緒に考えていくことが大切です。

第2章

相続の基礎知識を学ぶ
「子」が知っておくべき、
～ゼロから分かる相続の基本～

うちの相続財産はいくらだろう？

「こんなになるのか……」

渡辺は、自室でパソコンの画面を見ながら呟きました。

週末、渡辺は自室のノートパソコンを開き、インターネットで相続のことを調べていました。

渡辺の母親は2年前に病気で亡くなりました。現在75歳になる父は、渡辺が住むマンションから車で30分ほどの実家で、独りで暮らしています。もし、父が亡くなれば、その実家も含めて相続財産になります。父は今のところ健康で元気ですが、年齢を考えれば、いつ何があってもおかしくありません。

実家は、名古屋市内のX区で45坪ほどの広さでした。この土地は、父の父、つまり渡辺の祖父が、戦後の高度経済成長の初期に自宅の土地として購入したものだと聞いています。

父は、その土地・建物を祖父から相続していたのです。ただし、さすがに、家は古くなったので、20年前に一度建て替えています。

渡辺は、インターネットで調べているうちに、相続税の計算では、土地の価格は「路線価」というもので評価されるということを知りました。国税庁のホームページで簡単に調べてみると、実家の土地の路線価は40万円（1平米あたり）らしいと分かりました。「らしい」というのは、土地と道路との接し方や、土地の形状によって、評価額が変わるという話を耳にしたからです。その情報をもとに計算してみると、金額の目安が分かったので、よしとしました。

自宅土地は、約45坪なので、45坪×3・3平米×40万円＝5940万円が、実家の相続税評価額になりそうです。これはあくまで相続税の計算における評価の目安であり、実際にその価格で売れるかどうかということとは別の話です。

渡辺は、（6000万円か、思ったより高いな）と思い、次に、父の貯金はどれくらいだろうかと考えてみました。本人に聞いたことがないので、さすがにこれは分かりませんが、渡辺の知っている父は実直な性格で、浪費をするような人ではありません。

自宅の土地は祖父から相続したもので、父が自分で買ったものではありません。建物は一度建て替えていますが、土地付きの住宅を購入するよりはかなり低い金額だったはずです。それを考えると、ある程度の貯金を持っていたとしても、おかしくない気がします。

いずれにしても、自宅の評価額が6000万円になるのなら、それだけで基礎控除額は上回っていることから、おそらく、渡辺も父から相続する際には、相続税を払わなければならないようです。渡辺は心配になってきました。

もう1つ、渡辺が不安だったのは現在の親族関係です。

渡辺には、かつて5歳年上の姉がいました。姉は、25年も前に結婚して関西に引っ越していましたが、5年前に病気で亡くなっています。姉には2人の子、渡辺から見れば甥っ子がいます。甥とはいっても、地理的な遠さもあって、彼らがまだ小学生くらいのときまでに何度か会ったことがある程度です。

今ではすでに成人して、完全に付き合いが途絶えており、渡辺は連絡先も知りません。

もし相続となれば、その甥たちとも遺産分割の話をしなければならないのでしょうか？

その場合、どうやって遺産を分ければいいのでしょうか？　相続税がかかるのなら、どれくらいのお金を準備しておけばいいのでしょうか。

いろいろ考えているうち、渡辺はどんどん不安になってきました。

税理士に会う

翌週、渡辺は昼休みに部長を喫茶店のランチに誘い、食後のコーヒーを飲みながら話をしました。

自分の親にはたいした資産などないと思っていたが、実は意外とありそうだということ、相続や相続税について、なにか準備をしておくべきかどうかも分からないことなどです。

「それなら、俺の知り合いの税理士を紹介するから、一度会ってみたらどうだ?」

「税理士ですか。それは心強いですが……。まだ具体的に相続が発生しそうなわけじゃないんですけど、あいまいな話でもいいんですか?」

「大丈夫。とても気さくな先生だから、ざっくばらんに話してみるといいよ」

こうして、部長が紹介してくれたのが、竹内恵子先生です。

「お父さまがもう75歳なのに、一度も相続の話をしたことがないの? それじゃ、ダメよ!」

初めて会ったのに、竹内先生は、まるで親戚の叔母さんでもあるかのような口調で言いました。竹内という名だからというわけではないでしょうが、竹を割ったような性格のようです。

「これはね、誤解している人が多いんだけど、相続トラブルは、財産の金額じゃないのよ。財産の少ない人ほど、トラブルになるの。その原因は、親子のコミュニケーション不足、これに尽きるんだから。お父さまがまだ元気だというなら、ぜひ、すぐにお父さまと話をなさってください」

「実は父とはやや疎遠になっていまして。先生、何を話せばいいのですか」

「お父さまが今は元気でも、やがて身体が動かなくなったり、介護が必要になったりするかもしれないでしょう？　これから先、お父さまがどうされたいのか、自宅でいつまでも介護を受けたいのか、施設に入りたいのか。施設に入るのなら、有料老人ホームがいいのか、特別養護老人ホームがいいのか、それとも、サービス付き高齢者住宅に入りたいのか。それぞれ必要となるお金も、準備期間も異なるのだから、お父さまに『こうしたい』という希望があっても、その資金がなければ無理でしょう。そういう話から、老後の資金、そして、相続の話につなげればいいんですよ」

「なるほど」

「それに、お墓はどうしたいのか、実家にお仏壇があるならそれはどうしたいのか、そういうことも、きちんと話し合っておくべきでしょうね」

（確かに大切なことを何も話していなかったな）

そう思い知らされた渡辺は、さっそく父に電話をして、次の週末に会いにいくと伝えました。

被相続人と相続人

相続対策を始めるにあたっては、まず相続に関する基礎知識を知っておく必要があります。最も基本的な用語でありながら間違えやすいのが、「被相続人」と「相続人」です。被相続人とは、亡くなった人のことです。一方、相続人とは、相続を受ける方のことを指します。

また、「誰が法律上の相続人になるのか」も、きちんと理解しておいてください。相続人のルールは意外と複雑なため、誤解をしている方も少なくありません。例えば、子どもがいない夫婦であれば、「夫が亡くなった場合の相続人は妻だけ」だと思っている人は少なくないようです。しかし、この場合には、夫に兄弟姉妹などがいれば、兄弟姉妹も相続人となります。

このような相続人のルールは、民法という法律で決まっています。民法で定められている相続人という意味で、厳密にいうと「法定相続人」という言葉が使われることもあります。

まず、被相続人に籍の入った配偶者（妻や夫）がいれば、この妻や夫は、相続人です。このほかに、第一順位から第三順位の相続人が定められており、これらの方がいれば、夫や妻と一緒に相続人になります。この順位の意味としては、第一順位の相続人がいる場合には第二順位や第三順位の人は相続人にはなりませんし、第一順位の方が誰もいなくても第二順位の相続人がいれば、第三順位の方は相続人にならないということです。

・**第一順位……被相続人の子**。ただし、子のなかに被相続人の死亡以前に亡くなっている方がいる場合には、その亡くなった子の子である孫が代襲して相続人になります。また、第一順位の相続人には代襲の回数に制限がないので、子も孫も亡くなっていてひ孫がいる場合には、そのひ孫が相続人です。

・**第二順位……被相続人の親**。両親とも亡くなり、祖父母のうち存命の人がいる場合には、その祖父母を指します。

・**第三順位……被相続人の兄弟姉妹**。ただし、兄弟姉妹の中に被相続人の死亡以前に亡くなっている方がいる場合などには、その亡くなった兄弟姉妹の子である甥、姪が代襲して相続人になります。なお、第三順位の相続人の代襲回数は1回までと制限されているため、甥、姪も亡くなっていたとしても、その子が相続人になることはありません。

まず、被相続人が結婚していて、子どももいるとします。この場合には、被相続人の配偶者と、子どもが相続人です。第一順位の相続人である子どもがいるので、仮に被相続人の親やきょうだいが存命であっても、相続には関係ありません。また、もし孫がいたとしても、その孫の親である被相続人の子どもが生きている以上は、孫は相続人ではありません（ケース1）。

次に被相続人の配偶者がすでに亡くなっていて、子どもがいる場合です。この場合には、子どもだけが相続人になります。ケース1と同様、この場合も、被相続人の親やきょうだい、孫がいたとしても、関係ありません（ケース2）。

別の例で、被相続人にはもともと長男と次男がいたものの、長男が被相続人の死亡以前に亡くなっている場合もあります。この場合には、もし長男に子どもがいれば、その子ども（被相続人の孫）と次男が一緒に相続人になります。被相続人の配偶者が存命であれば、配偶者も相続人です（ケース3）。

さらに、被相続人が再婚で、前妻との間に子どもがいる場合もあります。後妻との間にも、子どもがいるものとします。この場合には、後妻との間の子どもはもちろん、前妻との間の子どもも相続人です。仮に前妻が親権をとって子どもと長年会っていなかったとしても、原則として相続の権利には影響がないので注意してください（ケース4）。

また、被相続人が長男の嫁を養子にしている場合もあります。この場合には、被相続人の実の子どもである長男や次男と同様に、養子である嫁も相続人です（ケース5）。

最後に、被相続人が結婚はしているものの、子どもや孫がいない場合もあります。この場合には、被相続人の配偶者はもちろん、被相続人の両親も一緒に相続人になります。また、被相続人の両親がすでに他界している場合には、被相続人のきょうだいや、亡くなっているきょうだいの子どもである甥、姪が、配偶者と一緒に相続人になるのです（ケース6）。

相続と贈与、遺贈の違い

相続に似ている考え方として、「贈与」「遺贈」というものもあり、これらの違いについても確認しておく必要があります。なお、贈与のなかには〝死因贈与〟というものもありますが、死因贈与の法律上の効果は基本的に遺贈と同様ですので、ここでは贈与から除いて考えてください。

まず、贈与は、被相続人の生前に行うものである点が、他の2つと大きく異なります。通常は、遺産を「あげます」「もらいます」という双方の意思で成立します。また、贈与は特に対象者に制限はありません。家族への贈与ももちろん可能ですが、他人への贈与もあり得るということです。贈与に対してかかる税金は、原則として贈与税です。なお、相続や死因贈与に対応する言葉として、あえて〝生前贈与〟という言葉を使うこともありますが、生前贈与と贈与とは、通常、同じものを指します。

相続や遺贈は、贈与とは異なり、その効力が発生するのは、被相続人が亡くなった時点です。このうち、相続は、法律で決まった相続人（法定相続人）に対してしか行うことができません。つまり「友人に相続させる」というのは、言葉の使い方が不適切ということです。

一方、**遺贈**は、法定相続人ではない親戚や友人、あるいは法人（会社）に対しても行うことができます。たとえば、亡くなった後で、法定相続人にはならない孫や甥、姪、世話になっているヘルパーなどに財産を渡したい場合や、友人、あるいは法人へ寄付をしたい場合などには、〝遺贈〟をするということです。ちなみに、遺贈をしたい場合には、遺言書が必要です。**遺言書**がなければ、原則として法定相続人ではない人に財産を渡すことはできないためです。

相続は当然ですが、遺贈で財産を受けた場合にも、原則として、相続税の対象となります。ここで、相続税の基礎控除について思い出してください。

相続税の基礎控除額は「3000万円＋（600万円×法定相続人の数）」でした。遺贈の場合は、法定相続人ではない人に対して財産を渡すことで相続税が課されます。そこで、相続税の基礎控除3000万円は適用されますが、「（600万円×法定相続人の数）」の部分は適用されません。

まったく意味の違う相続と贈与、遺贈の3つの言葉についてきちんと理解して、遺言書を作成する際には、適切な用語で記載しなければなりません。

遺産の分け方の基本

遺産の分配方法は、相続人と同じく、民法で定められており、民法で定められた遺産の相続分のことを、「法定相続分」といいます。

・**子と配偶者が相続人であるとき**……子の相続分と配偶者の相続分はそれぞれ2分の1
・**配偶者と親が相続人であるとき**……配偶者の相続分は3分の2、親の相続分は3分の1
・**配偶者と兄弟姉妹が相続人であるとき**……配偶者の相続分は4分の3、兄弟姉妹の相続分は4分の1

なお、子や親、兄弟姉妹が複数人いる場合には、それぞれの相続分は平等となります。例えば、父が亡くなって、母と長男、次男が相続人である場合には、母が2分の1、長男と次男はそれぞれ4分の1といった具合です。

また、被相続人よりも先に亡くなった子の子である孫が相続人になる場合、孫が複数いれば、もともと相続人になるはずだった亡くなった子の相続分を、孫が等分します。例えば、右記の例で長男が先に亡くなっていて、長男には子ども（被相続人の孫）が2人いる場合には、母が2分の1、次男は4分の1で、長男の子である孫は長男がもらうはずだった4分の1の相続分を2人で分けるため、8分の1ずつということです。

しかし、必ずしもこの法定相続分で分けなければいけないわけではありません。相続人全員での話し合いさえまとまるのであれば、どのように分けても良いのです。例えば、父の相続で、子どもがいっさい財産をもらわず母が全財産を相続しても、相続人全員が納得しているのであれば構いません。なお、財産がすべて現預金というケースは珍しいため、全財産をきっちり法定相続分で分けるのは、物理的に難しいことが多いです。

実際に、私が見てきたケースでも、子どもの一人である長男などが被相続人と同居していた場合には、その家や土地まで含めて法定相続分で分けようというケースはほとんどありません。特に、亡くなった親が高齢だった場合には、ほかの子どもにとっても、「兄さんがこれまで親の面倒をみてきてくれたから」という想いがあります。そのため、法律のルールとは違うものの、家や土地は同居してきた長男がもらうことは前提として、それ以外の財産を「どうやって分けましょうか」と検討するケースが多いのです。意外かもしれませんが、比較的広めの家であっても、ここについて揉めたり、「きっちり法定相続分で分けるためにこの家を売るから、兄さんは家から出ていってくれ」と言ったりすることは、私はほとんど見たことがありません。

ここで、「法定相続分どおりに分けなくても良いのであれば、法定相続分は何のためにあるのだろう」と疑問に思われるでしょうが、法定相続分には大きな役割があります。それは、仮に相続争いが起きた場合の、落としどころとしての役割です。相続人全員が納得するのであればどのように分けても良いですが、そのようにスムーズにいくことばかりではありません。例えば、極端な例として、相続人全員が「自分が全財産をもらいたいんだ」と主張すれば、埒が明きません。このようなとき、裁判をした場合には、原則として法定相続分で分ける形で落ち着くのです。

この点から転じて、法定相続分には、相続争いの抑止力としての効果も期待できます。なぜなら、「もっとたくさん財産がほしい」と思っている相続人がいたとしても、揉めて裁判などになれば、結局のところ法定相続分以上を手にできる可能性は低いためです。それゆえ、もめ続けることにより費用や労力、時間をかけることの費用対効果を考えて、矛をおさめる場合もあります。このように、法定相続分は、無用な争いの抑止力にもなっているのです。

相続人全員が納得すればこのとおりに分ける必要はないとはいえ、万が一もめた場合の落としどころとなりますので、法定相続分についても正しく知っておいてください。

相続手続きの期限

相続が起きてすぐに役所で行う手続きを除けば、相続手続きのうち期限のあるものは主に次の3つです。それは、相続放棄と準確定申告、そして相続税の申告です。

▼1　相続放棄

相続放棄をしたい場合には、相続の開始があったことを知った時から3カ月以内に手続きをしなければなりません。基本的には、被相続人が亡くなってから3カ月以内と考えてください。

相続放棄とは、家庭裁判所へ申述することにより、最初から相続人ではなかったものとされる手続きをいいます。相続放棄をする理由の代表的なものとしては、被相続人の多額の借金です。相続人である以上は、プラスの財産のみならず、あとで説明するマイナスの財産も引き継いでしまいますが、借金が多い場合などには返済に困窮してしまう場合もあります。そのような場合、相続放棄をすれば、相続人自身が借金の保証人になっているなどの事情がない限り、被相続人の借金返済を免れることができるのです。この相続放棄の手続きをするには、3カ月という期間があります。相続が起きてからの3カ月はあっという間であるため、相続放棄を検討している場合には、相続が起きてすぐ専門家へ相談するなど、手続きの準備を始める必要があります。また、当然のことながら「借金だけを放棄して、自宅の不動産や預貯金だけを相続する」などといった都合の良いことはできません。相続放棄をするとマイナスの財産もプラスの財産もいっさい相続できなくなりますので、よく検討をして行うようにしてください。

▼2　準確定申告

準確定申告とは、亡くなったあとの確定申告のことだと考えてください。準確定申告は、通常の確定申告とは期限が異なり、相続の開始があったことを知った日の翌日から4カ月以内にしなければなりません。相続税の申告期限はなんとなく知っていても、準確定申告については見落としてしまう方も少なくありませんので、注意してください。

準確定申告が必要となるのは、原則として、被相続人に不動産収入や事業収入があった場合です。この場合には、それまでも毎年確定申告をしていたかと思いますので、その確定申告を依頼していた税理士へ相談すると、円滑に手続きができます。また、これらの場合以外にも、準確定申告が必要となることがあります。例えば、亡くなる直前に不動産を売却したり、源泉徴収のない口座で上場株式などを売却したりした場合などです。準確定申告の要否に迷ったら、税務署か税理士へ相談してください。

また、被相続人が多額の医療費を支払っていた場合などには、申告をすることで還付が受けられる場合もあります。還付の場合には、4カ月以内ではなく、5年以内に行えば問題ありませんが、この還付金も相続税の対象となるため、相続税の申告がある場合にはやはり4カ月くらいを目安に行ってください。

▼3 相続税の申告

相続税の申告と納税の期限は、被相続人が死亡したことを知った日の翌日から10カ月以内とされています。亡くなったその日に亡くなったことを知ったのであれば、その翌日から10カ月以内ということです。10カ月というと、なんとなく余裕がある気がするかもしれませんが、実はそうでもないということを知っておいてください。なぜなら、相続税を払うためには、その前段階として、いくつかのハードルを越えなければならないためです。

相続税を申告するには、まず相続についての大まかな方針を決定する必要があります。例えば、残っていた財産の内容や遺言書の有無などの情報を相続人全員で共有したうえで、専門家に相談するのか自分たちで行うのかといったことや、誰が主導して手続きを進めるのかといったことを話し合います。こういった話し合いは、一般的に、四十九日頃であることが多いです。これには特に決まりがあるわけではないのですが、亡くなってすぐには手続きも気持ちもなかなか落ち着かないことに加え、遠方に住んでいる相続人がいる場合などには、全員が集まる機会が四十九日くらいしかないことから、自然とそうなるケースが多いのです。

そこから、それまで税理士などの専門家と付き合いがなかった場合には、申告を依頼する税理士を探さなければなりません。相続税の申告を自分でやってはいけないわけではありませんが、知識や経験がなければ正しく申告をするのは難しく、無理に自分で申告をした結果、使えるはずの特例を適用しそびれて余分な税金を払うことになってしまったり、申告すべき財産が漏れてあとから調査で指摘されてしまったりというリスクも低くありません。そのため、やはり相続税の申告は税理士へ依頼するのが一般的です。

そのうえで、土地などの相続財産を評価する必要もあります。これは通常税理士が行いますが、土地の数が多かったり形状が複雑だったりすれば、これも一朝一夕にできるものではありません。

さらに、ここがもっとも大変なのですが、原則として相続税の申告までに、遺産の分け方を決めなければなりません。どうしても期限までにまとまらない場合には、いったん仮の申告をして、まとまった時点で再度申告をする方法もあるのですが、その場合であってもいったん相続税は納めなければならないことに加え、さらに申告期限から3年が経ってもまとまらなければ、本来使えたはずの相続税の特例が使えなくなってしまうなど、デメリットが大きいのです。そのため、やはり申告期限内に遺産の分け方までまとめて、申告することを目指すべきです。

もう1つ大きなハードルとしては、納税資金の確保があります。相続財産が現預金ばかりであれば良いのですが、土地が大半である場合などには、どのように納税資金を確保するのかについても考えなければなりません。場合によっては、申告期限までに土地を売却したり、いったん土地を担保に入れて融資を受けたりする必要が生じます。これも、通常すぐにできるものではないため、納税資金が不足すると分かった時点で、すぐに動き始めたほうが良いです。

このように、申告までにすべきことを積み重ねていくと、10カ月などというのはあっという間なのです。そのため、相続税の申告が必要な場合には、その申告期限を意識しつつ、段取り良く手続きを進めるようにしてください。

土地や建物の名義変更などには、2021年5月の執筆現在では特に期限は設けられていません。しかし、相続が起きた際の名義変更（〝相続登記〟といいます）がされないまま放置されている土地が、近年問題になっています。相続が起きてから長期間が経過するともはや相続人の調査が困難となるため、所有者が不明な土地となります。所有者が不明な土地は活用や売却の許可を取ろうにも誰に許可を取って良いのか分からず、どうにもできない土地となってしまうのです。

そこで、このような所有者が不明な土地を生まないため、2021年4月21日、民法の改正法等が成立しました。これにより、相続登記の義務化がなされたうえ、期限も定められたのです。改正法の施行後は、取得を知った日から3年以内に登記をしなければなりません。なお、施行は2024年の予定です。

この改正がなかったとしても、不動産の名義変更を長期間放置することはそもそもおすすめできません。なぜなら、相続登記を放置するなかで相続人が亡くなれば、ねずみ算式に関係者が増えていき、いざ名義変更をしようにも、関係者を探したり、その全員の同意を得たりすることが困難となる可能性が高くなるためです。たとえ改正法の施行前であったとしても、遺産分割協議がまとまったのであれば、その時点で速やかに名義変更も行ってください。

プラス財産とマイナス財産の違い

相続の基本として、プラスの財産とマイナスの財産の違いについても知っておく必要があります。特に、マイナスの財産については、誤解をしている方も少なくないためです。

プラスの財産というのは、土地や建物、預貯金など、一般に「相続財産」といったときに思い浮かべるようなものを指します。一方で、マイナスの財産とは借金などのことです。

相続におけるプラスの財産とマイナスの財産の大きな違いとしては、プラスの財産はその財産を誰が相続するのかという遺産分割ができる一方で、マイナスの財産の場合には、相続人間で誰が借金を引き継ぎ返済していくと決めたとしても、その相続人間での約束は、お金を貸している人（〝債権者〟といいます）には、効力がないという点があります。

例えば、個人で事業をしていた父が亡くなって、母と長男、次男が相続人だったと仮定して考えてみます。この場合、長男がその事業を継ぎ、事業用の資産と銀行から借りている事業の借金を引き継ぐという内容で、遺産の分割について合意するケースも多々あることかと思います。しかし、この場合であっても、銀行は母や次男に対しても「借金を返してください」と請求できるのです。このとき、母や次男が「事業を継いだのは長男だし、遺産分割協議書にも借金は長男が引き継ぐと書いてあるので、自分は関係ありません」と主張をしても、銀行からの請求を退けることはできません。なぜなら、法律上、亡くなった人の借金は、どのような遺産分割を成立させたとしても、対債権者についていえば、相続人の連帯責任であるためです。これが、相続におけるマイナスの財産の怖さです。

また、被相続人が誰かの保証人になっていたケースも注意が必要です。この場合も、仮にお金を借りている本人がお金を返せなくなった場合には、借金と同様に相続人全員の連帯責任になり、突然債権者から請求がなされる可能性があるためです。また、借金であれば返済をしている通帳の記録などからその存在を推測しやすいのですが、被相続人が保証人になっていたかどうかは気づきにくい点も、保証契約が怖い理由の1つといえます。

そのため、借金があったり保証人になっていたりするかどうかは、相続対策を行うにあたって、ぜひ親に聞いておいてください。多額の借金があったりリスクの高い保証人になったりということをあらかじめ知っていれば、相続放棄を検討することもできるためです。例えば、多くの借金を伴う個人事業やその他の財産を長男が引き継ぎ、ほかにめぼしい財産がないのであれば、母と次男は相続放棄を検討するなど、よりよい方法を選択できるのです。

マイナスの財産についてもきちんと理解をしておかなければ、思わぬリスクを背負ってしまうことにもなりかねません。そうならないためにも、ぜひマイナスの財産の特性を知っておいてください。

なぜ遺言書が必要なのか

円満な相続のためには、遺言書の作成がとても重要です。

その理由は、主に2つあります。1つは、相続人のだれにどんな財産を相続させるかを、遺言書で明確に指定してある場合、遺産を分ける話し合いである遺産分割協議が不要になるためです。被相続人のもっていた財産すべてに行き先の決まった遺言書があるのであれば、遺産を分けるために相続人同士で話し合いをする必要はありません。仮に、遺言書の内容に納得していない相続人がいたとしても、遺言書どおりに粛々と手続きを進めることができるのです。相続争いが生じる危険性を、100%とはいいませんが、かなり防ぐことができます。これが、相続対策において遺言書が必要な1つ目の理由です。

遺言書が重要であるもう1つの理由は、遺言書があることにより、親の想いが伝わりやすくなるためです。そもそも相続争いは、これまでの想いの蓄積から起きてしまうことが少なくありません。こうした状況のなかで、遺言書があれば、各自に対するけん制の役割を果たすのです。いろいろと言いたいことがあったとしても、遺言書があることにより、「お父ちゃんがそう書いていたなら、仕方がないかな」と、納得しやすくなるのです。

また、遺言書は単に遺産の分け方を書くだけではなく、「付言《ふげん》」と言って、遺言書を書く人の想いを添えることも可能です。想いを書き添えておくことで、より想いの伝わりやすい遺言書になると私は考えています。付言には、法的なルールなどはなく、自由に記載することが可能です。例えば、

「母さんを大事にして、きょうだい仲良くやってください」

「これまでいろいろとありましたが、私にとっては皆大事な子どもだし、みんなの幸せを願ってこの遺言を書きました」

といった具合に、遺言者の想いを記載することができるのです。こういう形で親の想いを知っておけば、争いは避けられる可能性が高いです。このように、親の想いや考えを伝えられるという点が、相続対策において遺言書が重要である2つ目の理由です。

とはいえ、残念ながら、遺言書があるからといって、必ずしも争いを予防できるとも限りません。遺言書はひとつ間違えれば、諸刃の剣にもなりかねないのです。もしも、遺産をより多く相続したいと考える一部の相続人が、必要以上に介入して親に遺言書を作らせたら、ほかの兄弟は良い感情を抱かないと思います。そのような場合、遺言書は争いを予防するどころか争いの火種となる可能性があるのです。

例えば、娘が毎日のように来て話し相手になってくれたり、食事やドライブに連れて行ってくれたりすれば、親としてはうれしいものです。そうしたなかで、「ねえ、お母さん、預貯金のうち3000万円くらいは私にちょうだいよ」と言ってくれれば、娘かわいさに、言われるがまま遺言書を書いてしまうこともあるかもしれません。単にお願いをしただけであり、脅したり騙したりして作らせたわけでなければ、原則として、遺言書が無効となるわけではありません。そのため、相続が起きたあとでその遺言書どおりに相続手続きをすること自体は可能ですが、ほかのきょうだいがそのやり取りを知ると、きょうだいの間に深い溝ができてしまう可能性があります。まして、もしこのとき母に認知症の兆候などがあれば、「遺言書は本人の意思で作ったものではなかったのではないか」と、遺言書が無効であるとの裁判を申し立てることもあります。

親に遺言書を書いてほしいという人もたくさんいると思いますし、遺言書を遺しておくほうが相続がスムーズにできる場合が多いといえますが、遺言書はあくまで、親がご自分の想いを反映して作成すべきものです。そのためには、無理に書かせたりするのではなく、早いうちから親とコミュニケーションを取り、遺言書の必要性を分かってもらうことから始めてみてください。

遺言書の種類と違い

遺言書には、3つの種類があります。自筆証書遺言、公正証書遺言、秘密証書遺言です。自筆証書遺言は、遺言者が自分で書く遺言書、公正証書遺言は、公証人の面前で作成する遺言書、秘密証書遺言は、あらかじめ作成し封をした遺言書を公証役場に提出する遺言書です。

このうち、自筆証書遺言の検認件数は、2019年で1万8625件、公正証書遺言の作成件数は、2019年は11万3137件、2021年は新型コロナウイルス蔓延の影響かやや減少し、9万7700件となっています。秘密証書遺言は、実務ではほとんど使われていません。私も、これまで相当程度の遺言書を見てきましたが、公正証書遺言しか見たことがないほどです。なお、ご自宅でこっそり作成する方も多い自筆証書遺言の作成件数は不明ですので、自筆証書遺言を相続手続きに使う際に家庭裁判所で行うべき検認の件数を記載しています。公正証書遺言は作成件数であるため単純な比較はできないものの、それでも公正証書遺言が圧倒的に多いことが分かります。これは、やはり公正証書遺言のほうが、確実で安心だといえるためだと思われます。

では、自筆証書遺言と公正証書遺言はどちらを利用すれば良いのかについて、私は、公正証書遺言をおすすめしています。特に、子どもがいない人や財産の多い人、そして揉めそうだなという人は、必ず公正証書で作成するようにしてください。なぜなら、公正証書遺言のほうが、リスクが少なく、安心であるためです。

公正証書遺言と自筆証書遺言では、原本の保管場所に大きな違いがあります。公正証書遺言は原本が公証役場で保管されるのに対して、自筆証書遺言はその原本をご自身の責任で保管しなければなりません。そのため、自筆証書遺言は、偽造や隠匿をされるリスクや紛失してしまうリスクが、公正証書遺言と比べて格段に高いのです。

また、遺言書はそれぞれ、その文書が遺言書たるための方式要件が民法で厳格に定められていますが、この要件を満たせず無効となってしまうリスクも、自筆証書遺言のほうが高いといえます。なぜなら、公正証書遺言であれば公証人が文書を清書してくれることとは対照的に、自筆証書遺言の多くの場合は、自分ひとりで作成しなければなりません。

さらに、本人が本人の意思で作成したという証拠の残りやすさにも違いがあります。自筆証書遺言は自分ひとりで作成できてしまうため、作成時の記録は残りにくいです。つまり、自筆証書遺言の場合には、相続が起きたあとで、「他者が筆跡を似せて偽造したのではないか」とか、「認知症で作成できる状態ではなかったのに他者が無理に作らせたのではないか」などと主張がなされた場合の反証がとても難しいのです。一方で、公正証書遺言は作成時に公証人から本人確認をされたうえで、遺言者が公証人と証人の面前で遺言内容を口授したり、氏名や住所などを告げたりします。このような手続きを経るため、他者がなりすまして作成するほか、重い認知症などで遺言書が作成できる状態でないのに作成される可能性は低いといえます。

加えて、公正証書遺言は、たとえ手に力が入らないなどの理由で自書ができなくても作成可能です。一方で、自筆証書遺言は、本文はすべて自書する必要がありますので、長い文章がしっかりと自分で書けなければ、作成することは困難だといえます。この点も、自筆証書遺言のデメリットです。

そして、公正証書遺言であれば、相続が起きた後、そのまま名義変更などの手続きに利用できるのに対して、自筆証書遺言であれば、家庭裁判所での検認をおこなわなければ手続きに使用することはできない点も、大きな違いの1つです。検認とは、その時点での遺言書の状態を明確にして、以後の偽造・変造を防止するための手続きです。この点からみても、公正証書遺言のほうが安心です。

一点だけ自筆証書遺言に軍配が上がるとすれば、それは費用面です。自筆証書遺言は紙とペンさえあれば作成できるため、特に費用は必要ありません。一方で、公正証書遺言の場合には手数料がかかります。その金額は遺言書の内容に応じて異なるので、実際に作成するにあたり、公証役場に計算をしてもらう必要があります。参考として、財産総額5000万円程度の方が、2名の相続人に平等に財産を分ける場合の公証人手数料は、6万円弱程度です。

このように、費用はかかるものの、公正証書遺言のほうが無効になるリスクが低く、また相続発生後の手続きもスムーズであるため、遺言書を作成するのであれば、やはり公正証書で作成したほうが安心です。

なお2020年7月10日より、法務局における自筆証書遺言書保管制度がスタートしています。これにより、自筆証書遺言の保管場所として、法務局で預かってもらうという選択肢が加わりました。法務局での保管制度を利用した場合には、自筆証書遺言であっても偽造や変造などを防ぐことができるほか、相続開始後の検認も不要となります。また、保管時には形式の確認をしてもらえるため、形式不備により無効となる可能性も低くなります。これにより、保管制度を利用した場合の自筆証書遺言と公正証書遺言の差が一気に縮

［図表2－1］公正証書遺言と自筆証書遺言の違い

	公正証書遺言	自筆証書遺言	
		保管制度利用あり	保管制度利用なし
偽造・変造・隠匿・紛失などのリスク	低い	低い	高い
形式不備で無効となるリスク	低い	低い	高い
他者が無理に作成させたのではと主張され無効となるリスク	低い	高い	高い
作成の費用	必要（内容によって金額が異なる）	保管料が必要（保管時に3,900円）	不要
検認の要否	不要	不要	必要

まったことになります。ただし、保管制度利用の場合には、必ず自分が法務局へ出向かなければならない点に注意が必要です。

遺留分が相続トラブルを生む

相続対策をするうえで無視できないのが「遺留分」です。遺言書がある場合、原則として、遺産は遺言書どおりに分割されるのですが、例外として、一定の相続人（法定相続人のうち、一部の立場の人）には、最低限の「取り分」が法律で保証されています。この最低限保証される取り分を「遺留分」といいます。

例えば極端な例ですが、子どもがいるにもかかわらず「お世話になった知人に全財産を遺贈する」という内容の遺言書があったとします。その場合でも、子どもは遺留分に相当する分を、金銭で取り戻すことができます。同様に、長男と次男がいるにもかかわらず、「長男に全財産を相続させる」という内容の遺言書があれば、次男は長男に対して遺留分を請求できます。

具体的には、「自分の遺留分を侵害しているので、その分をお金で返してください」という請求（遺留分侵害額請求といいます）が可能です。この請求をされた場合には、実際に、長男は次男に対して、遺留分相当のお金を払わなければなりません。このような制度が、遺留分です。

遺留分の割合は、原則として、相続財産全体の2分の1で、第二順位の相続人である両親などのみが相続人であるときだけは、例外的に3分の1になります。例えば、配偶者と2名の子がいる場合には、配偶者の遺留分は、「相続財産全体の遺留分2分の1×法定相続分2分の1＝4分の1」となり、子の遺留分はそれぞれ「全体の遺留分2分の1×法定相続分4分の1＝8分の1」ということです。

仮に、相続財産が8000万円だとすれば、配偶者は2000万円、2名の子はそれぞれ1000万円ずつが、最低限保証されるということです。

遺留分は、すべての法定相続人がもつ権利ではありません。実は、きょうだいや甥、姪といった第三順位の方が相続人になる場合には、これらの方には遺留分はありません。それ以外の、配偶者や子どもなどには、遺留分があります。これは、相続対策を考える際にも、非常に重要なポイントです。例えば、子どもがおらず両親が他界している場合には、配偶者のみではなく、きょうだいや甥、姪も相続人になります。しかし、この場合に「妻に全財産を相続させる」という遺言書さえ作っておけば、きょうだいや甥、姪には遺留分がありませんから、何ら法的な請求はできません。

一方で、例えば長男が事業を承継するからといって、ほかにも子どもがいるにもかかわらず、安易に「長男に全財産を相続させる」という遺言書を作成することは、トラブルの元となりかねません。いざ相続が開始されたあとで、ほかの子どもから長男に対し、遺留分侵害額請求がなされる可能性があるためです。遺留分は、2019年7月1日から施行されている改正法により、原則として金銭請求となっています。そのため、長男が相続した財産の大半が自社株や自宅不動産など容易に売却できないものばかりであったとしても、請求をされた以上は、金銭で支払わなければならないのです。一括で支払えない場合には、当人同士の交渉または裁判で分割払いをすることとなりますが、それでも負担は大きなものとなります。

そのため、遺言書の作成など相続対策を検討する際には、遺留分についての知識は必ず持っておいたうえで、遺留分の対応についてもしっかりと検討する必要があります。

何のために相続対策をするのか

相続対策は、相続税をできるだけ払わないため、家族がもめないようにするために行うものと考える人が多くいます。それらのどちらも正解だと思いますが、私は、相続対策の本質は、将来設計だと考えています。親のこれからや、子どものこれからといった将来設計を実現するために、相続対策を行うのです。

そのため、スタートが「節税」というのは、少し違うと思っています。あくまでも、例えば自分の興した事業を繁栄させてほしいとか、これからもきょうだい仲良く暮らしてほしいとか、家を永続させたいとか、あとに残った妻に安心して生活していってほしいとか、そういった想いがあって、そのために、遺言書を作成したり、余分な税金を支払わずに済むように対策をしたりするのです。その想いや将来設計が抜け落ちてしまうと、「仏作って魂入れず」の状態になってしまいます。

節税や納税資金対策、遺言書などの具体的な対策ももちろん大切なのですが、それらを「何のために行うのか」というところは、ぜひ意識しておいてください。

相続対策の相談はだれにすればいい？

将来設計のための相続対策といわれても、何からどう手をつければいいのか、迷ってしまう方が多いかもしれません。そのような際には、ぜひ専門家に相談してください。

相続に関与する専門家としては、税理士のほか、弁護士や司法書士、行政書士などが存在します。どの資格者であっても、相続を専門としている事務所であれば他の資格者とのつながりがあることが通常ですが、やはり資産が多く相続税がかかりそうな人や会社を経営している人、不動産収入がある人などは、まず税理士へ相談してほしいと思います。なぜなら、相続対策をするにあたっては、税金の計算や税金面での計画が必要になることが多いためです。そのため、税金のプロである税理士は、相続対策には不可欠です。

なお、税理士であればだれでも相続対策のアドバイスが得意なわけではありません。また、単に申告だけをするのか、それとも細やかなアドバイスまでくれるのかなど、相続についてどこまで関わってくれるのかも、事務所によっていろいろです。どのあたりまでアドバイスをするのかといったことまではホームページに書いていない事務所も少なくないため、インターネットだけの情報ではなかなかわかりません。そのため、相談先の税理士が思い当たらず、紹介をしてくれる人もいないのであれば、やはり地道にいくつかの事務所へ相談に行き、依頼先を決めることをおすすめします。

相続対策の相談先はより良い相続対策を行うための伴走者であり、大切な将来設計の成功を左右するとても重要なパートナーです。ぜひ、少し手間をかけてでも、信頼できる事務所を見つけてください。

［第3章］

親と相続について話し合う 家族会議を開催！

～はじめての相続対策、7つのステップ～

久しぶりの実家訪問での誤解によるすれ違い

日曜の午前、渡辺は久しぶりに実家に向かいました。

駅から実家までは歩いて10分ほどです。家の前に着くと、垣根の向こうで、竹刀を振る父の姿が見えました。

「父さん、久しぶり。元気そうですね」

「おお、お前も達者か。まあ、あがれ」

タオルで額の汗をふきながら、父はそう言いました。

父は現在75歳です。母が亡くなったあとも、名古屋市X区の自宅に独りで暮らしています。

父は幼少時から剣道をたしなみ、2段の免状をもっています。今でも、週に2、3日は竹刀での素振りを欠かさないそうです。そのせいもあるのか、75歳になっていますが健康で、大きな病気を患ったこともありませんでした。

父は大学を卒業後、65歳の定年まで大手建築会社で働いていました。65歳からは年金を受け取りながら、週に3、4日ほど、清掃などの仕事をしています。家賃がかからない自宅での暮らしなので金銭面での不自由はそれほどありません。しかし、若いときから謹厳実直で、仕事は社会の役に立つためにするものだという信条をもつ父は、シルバー人材センターに登録し、今も紹介される仕事に通い続けています。

土産に持参した茶菓子を食べながら、父が淹れてくれたお茶を飲み、渡辺たちは近況などを話しました。こうして父と向かい合って話すのは正月の挨拶に来たとき以来です。

先日、竹内先生に指摘されたように、渡辺はこれまで、父の老後やその後のことについて、しっかりと話をしたことが一度もありませんでした。

正直にいえば、渡辺は昔から、父との間に溝を感じていたのです。

渡辺は幼いころから父に厳しく躾けられました。普通の子どもがだれでもやるような、ちょっとしたいたずらをしても叱られました。そんな父に反発して、中学生の頃には少しグレていた時期もあったのです。大学に在学中から卒業後しばらくの間、父との仲はかなり険悪になり、数年は交流も途絶えていました。

それが変わったのは、渡辺が結婚して子ができてからです。父は孫を大層かわいがってくれて、昔のことは忘れたかのように、渡辺に歩み寄るようになりました。一方、渡辺のほうも、子ができて初めて「親」としての気持ちが分かるようになりました。自分が子どもの頃の厳しい躾も、自分のことを思ってだったのだろうと、多少は理解でき、いたずらに父に反発していたことを申し訳なかったと思うようにもなりました。

そんなわけで、孫ができてからは年に2回、正月と盆には実家に挨拶に行くくらいには関係修復がされました。

「ところで、父さん、ちょっと聞きたいことがあるんだけど……。うちって、貯金はどれくらいあるの?」

ひとしきり世間話を終えた後、渡辺がそうたずねると、父は驚いて目を丸くしました。

「なんだ、藪から棒に。何かあったのか?」

「言いにくいけれど、父さんもそろそろ歳でしょう。今は健康でも何があるか分からないし、ちゃんと考えておいたほうがいいと思うんだけど。相続とか」

「相続？　なんだ、お前は親のカネをあてにしているのか？」

「いや、そういうわけじゃないんだけど。ちゃんと考えておいたほうがいいと思うんですよ。お墓のこととか、遺言とか」

「お前はわしを殺すつもりか。そんなこと、お前に言われなくても、ちゃんと考えるわ！」

父は、目に見えて機嫌が悪くなってきました。

「そうじゃないですよ。ただ、老人ホームに入るのだって、お金がいるでしょう。父さんの老後のことが心配だというだけで……」

「バカもん！　お前に心配されるほど、老いぼれてなどおらん！」

父はそう一喝すると、新聞を広げて不機嫌そうに黙り込んでしまいました。

（やれやれ……）

渡辺は小さくため息をつくことしかできませんでした。

手紙で気持ちを伝えることに

「それは大変だったわね」

父との話の経緯を報告すると、竹内先生はそう言いました。

「でも、いきなり『貯金はいくら?』なんて聞いたら、そりゃお父さまだってびっくりしてしまいますよ」

「そうですよね、あとから反省しました。父は昔気質のせいか、思ったよりお金の話が嫌いみたいです」

「ええ。そういう考えも悪いことではないと思います。今は、なんでもかんでも『お金、お金』で、儲けようとか、得しようとか、そんなことばかり考えている人が増えましたからね。だから、相続での争いも増えてしまうんです」

先日、部長から聞いた話を思い出した。

「そういう人ばかりになっても、それはそれで困るので、お父さまのような人もいるのは良いことだと思いますよ」

「ありがとうございます。でも、長い間、父とはちゃんと話をしていなかったので、どうもうまく話せなくて。正直、面と向かって話すのは苦手なんです」

子どもの頃からの父との軋轢などは、渡辺はすでに竹内先生にすべて話していました。

「それなら、1つの案ですが、手紙を書いてみてはどうでしょう？　渡辺さんがお父さんの老後を案じていることや、不安に感じていることなどを、正直に書いてみるのです。会話では誤解を生みやすいことも、手紙で前もって伝えておけば、お父さんも落ち着いて受け止めて、ゆっくり考えてくれるんじゃないかしら」

「なるほど、手紙ですか。それは考えたこともなかったですが、確かにいい方法かもしれません。父は読書も好きな人なので、文章で伝えればしっかり受け止めてくれそうな気がします。やってみます」

その夜、渡辺はさっそく父に向けた手紙を書き、翌朝にはポストに投函したのです。

ステップ0　親が65歳になったら、相続対策を考える

今は、65歳といえばまだまだ元気な方が多いので、「早過ぎるのではないか」と思う方もいるかもしれません。しかし、相続対策を考えるのは、できるだけ早いほうが良いのです。

その理由は主に2つあります。

1つは、いざ病気で倒れてしまったり、認知症になったりしてしまえば、相続対策は困難となってしまうためです。そのため、まだ亡くなったり認知症になったりするリスクが比較的低い、早いうちから始めたほうが良いのです。

2つ目の理由としては、早くから始めることにより、取り得る対策の選択肢が増えるためです。例えば、相続税対策として毎年100万円を孫に贈与しようとしても、始めてから2年で亡くなってしまえば200万円しか渡すことができません。しかし、10年前から始めていれば1000万円にもなります。この2つの理由から、相続対策はぜひ、親が65歳になったあたりから考えることをお勧めします。

なお、親との良好な関係性ができていないにもかかわらず、いきなり実家へ行って「相続対策について考えましょう」と切り出せば、怒らせてしまう可能性があります。そのため、次のステップである「親に相続をどう考えているのか聞く」前に、親との関係の再構築をすべきです。食事会などのイベントを開くなどして顔を合わせる機会を増やし、相続というナイーブな話もできる関係性を構築したうえで、次のステップへと進みます。

ステップ1　親に相続をどう考えているのか聞く

相続対策を始めるにあたり、親に相続に対する想いを聞くことは重要です。なぜなら、当然のことながら、親の財産やその後の人生をどうしたいのか、決めるのは親自身だからです。また相続対策の本来の目的が人生設計であることも、その理由の一つです。そのため、まずは、親が相続についてどう考えているかを聞き、その想いを大切にしてください。

とはいえ、もしかしたら、最初は「そんなことはまだ考えていないよ」「そんなことはあとに残った人が考えれば良いよ」などといった、回答が返ってくるかもしれません。しかしその場合であっても、私の経験上、実は「きょうだい平等に分ければ良い」「家を継いだ人がすべて相続してほしい」といった、親なりの考えがあるケースは多いのです。ただ、漠然としているがゆえに言葉にできなかったり、言わなくてもそんなことは当たり前だと感じていたりして、「まだ考えていない」といった言葉になってしまうのです。

そのため、もし親がなかなか自分の想いを口にしてくれないようであれば、まずは自分が不安に思っている内容を伝えてみるのも一つです。口下手な人なら、手紙を書くのもいいと思います。

相続についての心配は、「親がいくら持っているかまったくわからないので、相続税がどれだけかかるのか心配」「高い相続税がかかる気がするが、どこから税金を支払えば良いのか心配」といった税金面の心配かもしれませんし、「きょうだい仲が良くないので、相続で争いになってしまうのではないかと心配」「親が亡くなったあとも、同居している家に住み続けられるのか心配」「自分が事業を継ぐことになっているが、主な財産が自社株だと思うので、問題なく事業を継げるのか心配」など、相続争いについての心配である場合もあります。いずれにしても、こういった心配な想いを伝えてみることによって、親も「それなら対策をしないと」と腰を上げてくれるかもしれません。

それでも話が進んでいかない場合には「駅前に新しい介護施設ができたんだって。父さんは、ああいう施設どう思う?」「もし親父がいきなり入院したりしたとき、どこに何があるか分からないと困るから、整理しておこうよ」など、違った角度から話を切りだしてみることも一つです。

仮に、それでも話してくれない場合には、良好な関係性の構築が足りていない場合もあります。話す気がないにもかかわらず何度も聞くと、親も頑なになってしまうかもしれません。時間はかかってしまいますが、その場合にはいったん相続の話から離れて再度関係の構築に努めたのちに、もう一度このステップに戻ってみてください。

親自身の相続についての考えを確認しておかなければ、ここから先に進むことは困難です。親が協力的でない場合にはここが特に大変かと思いますが、根気強く乗り越えてほしいと思います。

ステップ2　戸籍を調べて推定相続人を確認する

推定相続人とは、亡くなった場合に相続人となる予定の人のことをいいます。

なぜ推定相続人をあらかじめ確認すべきかといえば、1つは、推定相続人を正しく把握しておくためです。実際に相続対策を始めてしまってから、実は推定相続人が違っていたようなことが発覚すれば、その対策に狂いが生じてしまいかねません。例えば、離婚した前妻が養育した子どもを相続人ではないと思い込んでいたり、同居している長男の妻を養子にしたと思い込んでいたものの、養子縁組まではしていなかったりというケースはまれにあります。そのため、あらかじめきちんと書類で確認しておいてください。

もう1つは、あらかじめ戸籍を取っておくことで、実際の手続きの際に時間短縮につながるためです。相続が起きたあとの手続きの際には、原則として、被相続人の亡くなった旨が記載された戸籍謄本のほか、それ以前の出生までさかのぼる除籍謄本や原戸籍謄本といった古い戸籍も求められます。これらの書類はその時点で本籍をおいていた役所で取得する必要があるのですが、いざ親が亡くなってからこれを集めようと思うと、時間も労力もかかってしまいます。なぜなら、親が生まれてからたどってきた本籍地を子どもがすべて把握しているケースは多くなく、書類を集めるには一つひとつ順番にさかのぼっていく必要が生じてしまうためです。一方で、親本人は自身の本籍の変遷を把握していることが多いため、親が元気なうちに一緒に確認しながら取得しておいたほうが、一般的にスムーズなのです。なお、取得した書類のうち、取得した時点ですでに除籍謄本や原戸籍謄本となっているものにはいわゆる有効期限のようなものはなく、かなり前に取得したものであっても、相続手続きに使用できます。

このような理由から、親の出生まで遡る戸籍謄本や除籍謄本、原戸籍謄本についても、この時点で取得しておくと良いです。書類がそろったら、集めた書類を確認し、相続関係を把握してください。古い戸籍の場合には手書きで読みにくい場合もあるかと思いますが、特に、親自身について記載されている欄や、戸籍に掲載されているそれぞれの方の父母を記載する箇所に着目すると良いです。

ちなみに、戸籍を遡っていくなかで当時の想いがよみがえり、親が昔話を話してくれる場合もあるかと思います。その場合には、ぜひ面倒がらずに、しっかりと耳を傾けてあげてください。雑談のなかに、相続についての大切な想いが込められている場合があるためです。

さて、いざ戸籍謄本などを取得しようにも、本籍をおいていた市町村が遠方である場合には、市町村役場へ出向くことが困難な場合もあります。そうした際に知っておきたいのが、郵送での請求方法です。戸籍謄本などを郵送で請求するためには、次の書類を用意して取り寄せます。

ちなみに、親子であれば、親の存命中でも親についての戸籍謄本などを子どもが請求することは可能ですが、親子であることを証明する書類の添付が求められるため、可能であれば親自身に請求をしてもらったほうがスムーズです。

- **郵送請求書**：各役所のＨＰからダウンロードできます。必要な事項さえ書いてあれば、ほかの用紙に記載しても構いません。
- **本人確認書類のコピー**：請求者である親の運転免許証や、マイナンバーカードなどです。
- **切手を貼って返送先の住所氏名を明記した返信用封筒**：返送先には、本人確認書類の住所と同じ住所と氏名を記載します。
- **定額小為替**：普通郵便にお金を入れることはできませんので、この定額小為替で手数料を支払います。取得手数料は、戸籍謄本1通450円、除籍謄本と原戸籍謄本は1通750円です。定額小為替は郵便局で購入できますので、必要な額面の小為替を買って封入してください。なお、小為替の購入には1通100円の手数料がかかります。額面750円の小為替を買うには、850円が必要だということです。

ステップ3　親にどんな相続財産があるのか、リストアップして評価額をまとめてもらう

このステップの目的は、主に4つあります。

1つ目の目的は、いざというときに備え、親の資産をきちんと把握しておくためです。私の経験上、親の資産を子どもがきちんと把握しているケースは1割から2割程度しかありません。相続が起きたあとで親の資産が分からなければ、一つひとつ心当たりのある金融機関などに確認をしたり、家にあるカレンダーに書かれた外出予定や名刺などから推測したりするほかないのです。これは非常に大変なうえ、一部の財産が手続きや相続税の申告から漏れてしまう可能性もあります。そのため、相続対策の1つとして、資産を洗い出

しておくと良いです。

2つ目の目的は、借金や保証人などマイナスの財産の有無を確認しておくためです。借金や保証契約があるかどうか分からず、「もしかしたらどこかに借金があるかもしれない」と不安になってしまう方もいます。しかし、ないのであればない旨を親から聞いておけば、安心できます。資産のリストアップとあわせてマイナス財産も把握しておけば、相続放棄の要否（必要か否か）などもあらかじめ検討し、心づもりをしておくことも可能です。

3つ目の目的は、資産をリストアップすることで、相続税申告の要否を判断しやすくなるためです。相続税は、遺産総額と過去の一定の贈与を足した額が「3000万円＋（600万円×法定相続人の数）」で計算する基礎控除額を超えなければかかりません。そのため、資産をリストアップしてこの基礎控除額と比較することで、相続税の心配が必要かどうか、大まかに分かるわけです。

そして、4つ目の目的は、相続対策の中身を検討する材料とするためです。親世代の方のなかには自身の資産をある程度把握している方もいる一方で、預貯金の額などをきちんと把握しておらず、いざ合計してみると、「意外とあったのね」という方もいます。財産を正しく把握していないと、遺言書の内容さえも、正しく検討するのが難しいのです。例えば、財産を一覧にしない状態で、なんとなく「預貯金は3000万円くらいだと思うから、長男に1000万円くらい渡して、あとは次男に少し多めに相続させよう」と思っていても、いざリストアップしたところ5000万円くらいであったのであれば、「それなら長男にも2000万円くらい相続させよう」と考えが変わるかもしれません。また、一覧としてみることで、「そういえばこの銀行はしばらく使っていないので、これを機に解約しておこう」といった気づきも得やすくなるはずです。このように、財産を「見える化」することにより、具体的な対策が検討しやすくなるのです。

資産リストアップの具体的な方法を説明します。なお、価額の算定方法は、あくまでも対策を検討するにあたり、自身で大まかに財産を評価するための簡易なものです。特に土地は、その形状や利用形態などにより評価が大きく異なる場合もあるため、正確な計算が必要な場合には、税理士や不動産鑑定士に相談してください。

・**土地**：そもそも土地の評価には、売却をする際に参考となる時価のほか、固定資産税をかける際に使う固定資産税評価額、相続税を計算する際に通常使用する相続税評価額などがあります。相続税評価額を計算するには、厳密にはその土地ごとに定められている1㎡あたりの評価額に土地の面積を乗じることで計算する路線価をベースとしたうえで、土地の形状に合わせて各補正を加える方法などにより計算するのですが、ここでは、相続税評価額を大まかに簡易計算する方法を紹介します。

土地の相続税評価額を簡易に知るには、固定資産税評価額を0・7で割り、0・8を掛けます。例えば、固定資産税評価額が1400万円であれば、1400万円÷0・7×0・8＝1600万円ということです。土地の固定資産税評価額は、毎年4月頃に市町村役場から送付される、固定資産税の納付書に同封された書類を見ることで分かります。この計算式が成り立つ理由としては、固定資産税評価額はおおよそ時価の7割程度であり、相続税評価額は時価の8割程度とされているためです。

なお、他者の建物の敷地になっている場合などには、借地権分などが控除されます。この借地権割合は30％から90％のうちの7段階に分かれており、これは国税庁が公表している路線価図を見ることで確認できますが、名古屋市内や浜松市内であれば50％や60％のところが多く、東京23区内であれば70％や80％のところが多い印象です。また、

[図表3－1] 財産リストの例

種類	細目 （口座番号など）	詳細	数量	価額（円）
土地	自宅敷地	浜松市中区 ○○1丁目1-1	300㎡	30,000,000
建物	自宅建物	浜松市中区 ○○1丁目1-1 （家屋番号1番）	150㎡	15,000,000
土地	貸駐車場	浜松市中区 ○○1丁目1-2	100㎡	10,000,000
土地	貸家敷地	愛知県豊橋市 ○○2丁目2-2	150㎡	10,000,000
建物	貸家	愛知県豊橋市 ○○2丁目2-2 （家屋番号2番）	100㎡	5,000,000
土地	山林	岐阜県○○1111番地	200㎡	500,000
普通預金	No.1234567	A銀行　浜松支店		10,000,000
定期預金	No.0000001	A銀行　浜松支店		10,000,000
普通預金	No.7654321	信用金庫　浜松支店		1,000,000
定期預金	No.7654322	信用金庫　浜松支店		3,000,000
定期預金	No.7654323	ゆうちょ銀行　静岡支店		6,000,000
普通貯金	No.0000005	○○農協　浜松支店		2,500,000
有価証券	No.123-4567890	X証券会社　浜松支店		25,000,000
建物更生共済	No.1111-11111	○○農協　浜松支店		-
生命保険	No.567890000	Y保険会社 （受取人　長男）		5,000,000
生命保険	No.567890001	Y保険会社 （受取人　次男）		5,000,000
借入金		A銀行		-10,000,000
合計				128,000,000

敷地の上に建てた建物を貸している土地を「貸家建付地《かしやたてつけち》」といいますが、この場合には、評価額から「0・3×借地権割合」を控除して計算します。

また、一般的な家が何軒も建てられるほど広大な土地であればこれに当てはまらない可能性があるため、この場合には、税理士に相談してください。

なお、山林や原野、公衆用道路といった評価が低い土地の場合には、固定資産税の納付書などが届かない場合もあります。こういった土地は評価額こそ無視できる程度であることが多いものの、相続手続きの際に見落としてしまいがちであるため、財産をリストアップする際には、必ずその土地を所有している旨を記載しておきます。市町村役場で名寄帳《なよせちょう》を取得すると漏れがありません。

・**建物**：固定資産税評価額を記載します。ただし、他者に貸している建物であれば、固定資産税評価額から、借家権分である0・3を控除して計算します。

・**預貯金**：記帳をしたうえで、最終残高を記載します。記帳も面倒なほど遠方にしか支店のない銀行であれば、これを機に解約してしまうのも一つです。また、インターネットバンクを利用している場合には、相続手続きの際に見落としてしまわないよう気をつけてください。インターネットバンクは通帳がないこともあり、相続人が知らなければ見つけることが困難であるためです。

・**上場株式などの有価証券**：証券会社から送付される取引明細書などを参考として、記載します。ここでも、インターネットの証券会社と取引がある場合には、相続手続きが漏れてしまわないように注意が必要です。

・**ゴルフ会員権やリゾート会員権**：もっている場合には、評価額を記載します。評価額は、会員権の取引サイトなどを参考にしたり、会員権の取引をしている企業などに問い合わせると明らかになります。

・**火災保険や建物更生共済**：もっている場合には、評価額は空欄でも契約があること自体を掲載しておくと、手続きの際に便利です。

・**自社株**：もっている場合には、評価額を記載しておきます。ただし、自社株の評価は非常に複雑なうえ、簡易な計算をしたとしても実際の評価額と大きくかい離してしまう可能性があります。自社株がある場合には、税理士に個別で評価をしてもらうようにしてください。

・**その他価値のあるもの**：趣味で絵画や骨董品を集めている場合には、特に価値のあるものや思い入れのあるものにつき、記載しておいてください。評価額は、参考として、購入価額を挙げておくと良いです。こういったものは興味がない人にとっては、どれに価値があり、どれに価値がないのかよく分からないものです。そのため、特に高価なものなどをリスト化しておくと、亡くなったあとでの整理の際にも役立ちます。

・**マイナス財産**：借金や保証契約といったマイナスの財産がある場合にも、忘れずに記載しておいてください。この時点では、リスト作成時点の借入残高で構いません。

・**生命保険**：被相続人が保険料を支払い、被保険者である生命保険は、厳密に言えば受取人が一人で手続きできる固有財産であり、相続財産ではありません。しかし、いざ相続が起きた際にスムーズに手続きを行うために、記載しておくと良いです。どの保険会社と契約があるのかわからなければ、請求までに時間を要してしまったり、請求が漏れてしまったりする可能性もあるためです。

ステップ4　親に遺産をどんなふうに分けたいのか改めて考えてもらう

財産のリストが作成できたあとだと、親にとってはリストがない状態で考えるよりも、ずいぶんと検討しやすくなるはずです。ここでは、節税などのテクニック的な部分はいったん脇へおいておき、親亡きあとのことも含めた将来設計として検討するとよいです。

あわせて、将来介護が必要になった際に施設に入りたいかどうかや、お墓や仏壇をどうしたいのかといったことなども含め、親の考えを聞いておいてください。このステップまで進んでいれば、こういった話をする関係性の土台も、ある程度できている可能性が高いためです。

また、医療保険の契約内容や親が意識不明となってしまった場合に子どもが代わりに請求できるのかといった点を確認したり、いくらかの現金をお手元に置いておいたりといった、親の突然の入院に備えた対策も、この段階で検討しておくと良いです。

ステップ5　相続税の申告の要否を確認する

相続税の申告要否をざっくり確認するには、次に記載した①の相続税の基礎控除額と、②の課税価格の合計額を比較してください。①よりも②のほうが少ないのであれば、相続税はかからない可能性が高いため、次のステップ6は飛ばして、ステップ7へ進んでください。一方で、①よりも②のほうが多いのであれば、相続税がかかる可能性が高いといえます。

▼①相続税の基礎控除額

3000万円＋（600万円×法定相続人の数）

例えば、法定相続人が妻と2名の子どもの計3名であれば、基礎控除額は4800万円（3000万円＋〔600万円×3名〕）です。

なお、相続人のなかに普通養子がいる場合は基礎控除額の計算上、法定相続人の数に算入できる普通養子の数は、実子がいれば1人まで、実子がいなければ2人までという制限があります。普通養子とは、特別な事情があって養子になる特別養子ではない養子を言います。戸籍謄本に養子である旨の記載がある場合には、まず普通養子だと考えて間違いありません。

また、相続放棄をした方がいた場合であっても、基礎控除を計算するうえでは、放棄はなかったものとして計算をします。そのため、例えば配偶者と1名の子どもの計2名が相続人であった場合に、子どもが相続放棄をして第三順位の相続人であるきょうだいや甥、姪など計10名以上が相続人となる場合であっても、相続税の基礎控除額は4200万円（3000万円＋〔600万円×2名〕）のままです。基礎控除額は、人為的な調整がしづらい形になっているのです。

▼②課税価格の合計額

課税価格の合計額は、次のように計算します。

ステップ3で作成した財産リストの合計額－下記Aの金額＋相続時精算課税制度を使っ

て贈与をした額（※1）

A　次のどちらか少ない金額

(a)リストに記載した生命保険金のうち、相続人が受取人であるもの

(b)500万円×法定相続人の数

※1　相続時精算課税制度を使って贈与をした額があれば、その全額が相続税の対象となるため、足し戻します。

これを、財産リストの記載例に当てはめると、次のようになります。

1億2800万円－1000万円（※2）＝1億1800万円

※2　500万円＋500万円＝1000万円と、3人×500万円＝1500万円では1000万円のほうが小さいため、1000万円。

つまり、この場合には、基礎控除額である4800万円よりも、課税価格の合計額であ

る1億1800万円のほうが大きいため、相続税の申告が必要となる可能性が高いということになるわけです。

なお、実際に相続税の計算をする際には、後述する小規模宅地等の特例を考慮するのですが、相続税の申告の要否を確認するこの段階では、特例は無視して計算をしてください。なぜなら、小規模宅地等の特例は、相続税を申告しなければ使うことができない特例だからです。

また、実際に相続税の計算をする際には、相続時精算課税制度を使った贈与のみならず、亡くなる前3年以内に相続人に対して贈与をした額も足し戻して計算をします。しかし、対策を検討する段階では、考慮しなくて構いません。なぜなら、この先も生きていくことにより、過去の贈与は現状ではどんどん足し戻しの対象から外れていくためです。

ステップ6　相続税がどのくらいかかるか計算する

ステップ5で相続税の申告が必要となりそうな場合に必要なステップです。なお、ここで計算するのは、小規模宅地等の特例や配偶者の税額軽減などをいっさい考慮しない金額です。特に何ら対策をしない場合にはこのくらいの相続税がかかる可能性があるという、目安と考えると良いです。

▼1　課税遺産総額の計算

ステップ5で計算した②の課税価格の合計額から①の相続税の基礎控除額を控除して、課税遺産総額を計算します。ステップ5で使用した例の場合には、1億1800万円－4800万円＝7000万円です。

▼2　法定相続分に応ずる各法定相続人の取得金額の計算

1の金額を、各法定相続人が法定相続分で相続したと仮定して、各法定相続人の取得金額を計算します。例の場合には、配偶者が7000万円×2分の1＝3500万円、2名の子どもはそれぞれ7000万円×4分の1＝1750万円となります。

ここでは、実際の相続で受け取った配分や受け取る予定の配分はいっさい関係ありません。また、相続放棄をした人がいても、放棄をしなかったものとして、その方の分も計算

［図表3－2］相続税の速算表

法定相続分に応ずる取得金額	税率	控除額
1,000万円以下	10%	-
3,000万円以下	15%	50万円
5,000万円以下	20%	200万円
1億円以下	30%	700万円
2億円以下	40%	1,700万円
3億円以下	45%	2,700万円
6億円以下	50%	4,200万円
6億円超	55%	7,200万円

してください。あくまでも、実際にどう分けるのかということとは関係なく、法定相続分で受け取ったものとして計算をします。

▼3　相続税の総額の基となる税額を算出

2で計算した各法定相続人の取得金額それぞれを速算表にあてはめて、税額を計算します。

例の場合には、配偶者分が3500万円×20%－200万円＝500万円、2名の子どもの分はそれぞれ1750万円×15%－50万円＝212・5万円です。

▼4　相続税の総額を計算

3で計算した各人の税額を合計して、相続税の総額を算出します。例の場合には、500万円＋212・5万円＋212・5万円＝925万円ということです。

ここまでの計算で算定した925万円が、特に何ら特例の適用などを受けなかった場合に、その相続で支払う相続税の総額の目安となります。これを、実際に相続で財産を受け取った方が、受け取った財産の額に応じて按分をして支払うわけです。例えば、実際には配偶者がいっさい相続せず、2名の子どもがそれぞれ2分の1の割合で相続した場合には、この925万円の2分の1ずつ、つまり2名の子どもがそれぞれ462・5万円の相続税を支払うこととなります。

なお、小規模宅地等の特例を使った場合には、このうちステップ5で計算をした②の計算をする際に考慮をします。繰り返しますが、相続税の申告が必要かどうかを確認する段階では、この特例をいったん無視して計算してください。なぜなら、小規模宅地等の特例を使うためには相続税の申告が必要だからです。そのうえで、実際に申告をするにあたって小規模宅地等の特例を受けたいのであれば、ステップ5②の計算をする際に、この特例を考慮するということです。

また、配偶者が相続で財産をもらった場合には、法定相続分か1億6000万円までのいずれか高い方までの分には相続税はかからない、配偶者の税額軽減という制度もありますが、これは相続税の計算の際、相続税の総額を各人が相続した割合で按分をしたあとで適用します。

ステップ7　具体的な対策を検討する

ここまでの6ステップにより、現状の問題点がおぼろげながら見えてくるはずです。例えば、「相続税が高過ぎて払えそうもない」「財産の大半が不動産なので、どこから相続税の納税資金を捻出すれば良いのかわからない」「財産のメインが自宅不動産なので、どうしても不公平になるので争いにならないか心配」などです。

相続対策で使える制度や税制上の特例等には、節税や納税資金の確保などの目的にあわせて活用できるさまざまな種類があります。ここまでに洗い出した相続における不安要素を解決できる制度や特例は何か、という視点で検討していくことが大切です。

［第4章］

~相続税を節税するテクニック~

早めの対策で、相続税ゼロを目指す

父の資産は9000万円

「今日はよろしくお願いします」

白のパンツスーツの胸元にピンクのスカーフをあしらった姿で、竹内先生が丁寧にお辞儀をしました。

「いえ、先生。こちらこそ、わざわざお越しいただき、恐縮です」

薄茶の鹿の子地のポロシャツに濃緑のツイードジャケットを着た父も、丁寧に頭を下げ、並んだ渡辺も一緒に頭を下げました。

渡辺が手紙を出した数日後、父からの返信が届きました。返信は来ないかもしれないと思っていたので、そんなに早く返信が来たことに少し驚くとともに、何が書かれているのだろうと、開封するとき少し緊張しました。丁寧な文字で書かれた手紙は、自分もきちんと話し合いをしたい、しかし、正直、よく分からないことがあるので、だれか詳しい専門家などに相談ができないか考えている、といった旨が書かれていました。

（よかった）

渡辺はホッと胸をなでおろしました。前に会いに行ったときは、いきなり預貯金はいくらあるか、相続をどう考えているかと不躾に聞いてしまい、父親の怒りをかってしまいました。

しかし、手紙で父親のこれからの暮らしへの心配や、家族の将来について話し合いたいという気持ちをしたためたことから、それに対してまた父も、素直な気持ちを返してくれたようです。

渡辺はすぐに竹内先生に連絡を取りました。そして、正式に相談の依頼をし、今日、竹内先生がX区の実家まで来てくれたのです。

わざわざ家まで来てもらわなくても、父と2人で竹内先生の事務所に行くと言ったのですが、竹内先生は柔和な笑顔を浮かべながら、こう言いました。

「どんなときにも、まず当事者に会うのが、私のポリシーなのよ」

挨拶のあと、竹内先生は仏壇があるかと父にたずねました。父が居間とは別の和室にあると答えると、線香を上げさせてほしいと竹内先生は言いました。父は少し怪訝な顔をしましたが、立ち上がって案内しました。

線香の香りが染みついた和室には半間の仏間が設えられ、立派な仏壇に、渡辺の母と姉の位牌、遺影が並べられていました。香炉には真新しい線香の灰が残り、仏器には、真っ白なご飯が供えられています。仏壇にはほこりひとつなく、毎日丁寧に掃除していることが一目で分かります。

竹内先生は、スーツのポケットから数珠を取り出すと、りんを鳴らし、仏壇に手を合わせました。

「ありがとうございました。たいへん丁寧にご供養なさっているご様子で、お父さまのお気持ちがよく分かりました」

竹内先生はそう言うと、渡辺のほうに向きなおってこう言いました。

「これからお父さまのお気持ちをしっかり受け継ぐ覚悟を決めないといけませんね」

最初に話し合ったのは、父のこれからの暮らし方についてでした。

元気なうちは、今までどおりの独り暮らしでもいいでしょうが、5年後、10年後にはどうなっているか分かりません。急に体調が悪くなり、あるいは認知症などで要介護状態になることも考えられます。そのときにどうしたいですか、と竹内先生はたずねました。

「子の世話にはなりたくないので、介護付きの老人ホームに入りたいと考えています」

父ははっきりと答えました。

しかし、介護付きの老人ホームといっても、特別養護老人ホーム（特養）のような公的な施設には、なかなか入れません。何年も入居待ちになることがあります。かといって、民間の介護付き有料老人ホームや、サービス付き高齢者向け住宅（サ高住）などは、相応の費用がかかります。

結局、父の保有する資産によって、選択肢が変わってくるのです。実際、有料老人ホームや、サ高住に入ったのはいいものの、本人が考えていた以上に長寿となり、資金が尽きて、90歳以上の高齢になってから施設を追い出されてしまう、という悲劇もよくあるのです。限られた資産のなかでは、長寿がリスクになりかねないため、慎重に検討する必要があります。

そういった実情を詳しく説明してから、竹内先生が、父にあらかじめ作成を依頼していた、資産のリストを、3人で確認しました。

リストで最も大きな金額となるのは自宅不動産で、これは渡辺が以前調べたとおり、約6000万円の路線価評価額です。

また、定期預金と若干の個人向け国債などで、金融資産が約3000万円あることが分かりました。不動産と金融資産とをあわせて、9000万円ほどになります。

渡辺にとっては想像以上にたくさんあると感じられましたが、父母の現役時代の貯蓄に、退職金をあわせた金額です。父はそれにほぼ手を付けず、65歳の定年後は、年金とシルバー人材センターの収入で生活費をまかなっているとのことでした。

「父さん、自分で稼いだお金なんだから、もっと好きに使って贅沢すればいいのに」

渡辺は思わず、父に言いました。

「毎日食事ができて、週1、2回は、近所の連中と酒を飲むことだってできる。そして、いまだに健康で、働いて世の中の役にも立っている。これ以上の贅沢があるか」

父からそう言われると、渡辺はだまってうなずくしかありませんでした。

さまざまな相続対策

「3000万円の預金があれば、有料老人ホームへの入居も可能でしょう。また、ご自宅を売却して現金にするか、人に貸して賃貸収入を得られれば、さらにレベルの高いホームや介護付きサ高住でも、十分入居できそうですよ」

竹内先生は言いました。

「そうですか、でも……」

父は言いよどみました。

「何かご心配でも？」

「この自宅の土地は、私が父から引き継いだものです。できれば、息子にも、そして孫にも、代々継いでもらいたいと思っています。それから、亡くなった娘の子たちも、私の大切な孫なので、できる限りの資産は残してやりたいと思います」

渡辺は目の前の机に置かれた戸籍謄本をしげしげと眺めました。これも竹内先生に言われて父が用意していたものです。住民票ならなじみがありますが、渡辺が戸籍謄本を見たのは、実は初めてでした。

その戸籍謄本で確認した限り、推定相続人（相続発生後に法定相続人になると思われる人）は、渡辺と、2人の甥の3人です。

「甥子さんお2人は、代襲相続人といって、2人あわせて、お母さまの相続分を引き継ぎます。つまり、法定相続分は息子さんが1／2、甥のお2人が1／4ずつとなります。仮に、息子さんが自宅を相続して、甥子さんが預金のうちのいくらかを相続するとしたら、遺産額の半分以上を息子さんが相続することになってしまいます。また、もし仮に、お父さまが老人ホームに入居なさるのに、預金をほぼ使い切ってしまって、自宅しか残らないとすれば、分割が難しくなります」

「3人の共有名義にして相続させることはできませんか？」

「できますが、共有名義は将来のトラブルの元になるので、やめておいたほうがいいでしょう。それよりも、生命保険を使った『代償分割』という方法のほうがおすすめです。お父さんは今生命保険に加入していませんが、加入していただき、相続後に息子さんがまとまった保険金を受け取れるようにします」

「息子にですか？　それでは、ますます不公平ではないですか？」

「いえ。自宅の土地を分割する代わりに、その保険金で、２人の甥にお金を支払うのです。これを『代償分割』といいます。たとえば、死亡保険金２０００万円の生命保険に加入して、息子さんが２０００万円を受け取り、それを甥のお２人に１０００万円ずつ支払う、という方法です」

「なるほど」

「あくまで一つの方法ですが。ほかにも、例えば、贈与税の非課税の範囲内で生前に少しずつ贈与をしておく方法もありますし、有利に資産を渡す方法はいろいろあります。それは、今後考えていきましょう」

こうして、渡辺家の〝円満相続〟に向けた対策が始められました。

6つの相続対策

相続を少しでも有利にし、あるいはトラブルを防止して円満相続に結びつけられる、さまざまな制度や、税制上の特例などがあります。ただし、制度ありきの相続対策ではなく、相続対策ステップのなかで不安に感じた要素を解消できる制度はないかという視点や、親の想いを実現するために使えそうな制度はないかといった視点で確認するとよいと思います。

例えば、自身の亡きあとは長男に会社を継がせたいと思っているにもかかわらず、「配偶者の税額軽減を使えば相続税が安くなるから」という理由だけで、妻に自社株を相続させては本末転倒となりかねません。これだけ読むと、「そんなの当たり前じゃないか」と感じられるかもしれませんが、いざ相続が起きてから検討すると、これに似た結論をくだしてしまっているケースも少なからず存在するのです。節税も大切ではありますが、何のための相続対策なのか、その視点を忘れないようにしてください。

さて、相続対策のなかには、生前元気なうちでなければ対策のしようがないものと、相続が起きてからでも適用が可能なものが存在します。

元気なうちでなければできない対策としては、主に「暦年贈与と相続時精算課税の活用」「生命保険の活用」「事業承継税制の活用」「不動産を移転する」「所得税を減らす」「資産管理会社の活用」の6つが挙げられます。

暦年贈与の活用

相続対策を考える際に外せないものとして、まず、生前贈与が挙げられます。生前贈与には、暦年贈与と相続時精算課税贈与の2つが存在しますが、特に何ら手続きをしていない場合には暦年贈与となっており、一定の手続きをした場合にのみ相続時精算課税贈与になると考えてください。

暦年贈与とは、年110万円の基礎控除額がある通常の贈与です。この110万円の基礎控除額とは、贈与を受けた人である受贈者がもっている、1年間の非課税枠を指します。例えば、父がある年に長男、次男、それぞれの孫などに110万円ずつの贈与をしたとしても、受贈者がその年、ほかの贈与を受けていないのであれば、すべて基礎控除内に収まるため、贈与税はかかりません。一方で、長男が同一年中に父からも110万円、母からも110万円の贈与を受けた場合には、長男がその年に受けた贈与の合計額が110万円を超えるため、贈与税の納税が必要です。110万円を超えた額については累進課税となり、その税率は図表4−1のとおりです。

例えば、1年間に受けた贈与が父から受けた500万円の贈与のみである場合の贈与税は、48・5万円となります。計算式は、500万円−110万円＝390万円、これを速算表（特例税率）に当てはめ、390万円×15％−10万円＝48・5万円です。また、父から年1000万円の贈与を受けた場合の贈与税は、177万円です。計算式は、1000万円−110万円＝890万円、これを速算表（特例税率）に当てはめ、890万円×30％−90万円＝177万円となります。

なお、年110万円の基礎控除額があるからといって、例えば「1000万円を10年間に分割して支払う」とした場合には、最初の年に1000万円の贈与があったとして贈与税の対象となる可能性があるので、注意が必要です。なぜなら、贈与税の対象となるのはその年にされた贈与であり、贈与は実際にお金を渡したときではなく、「あげます・もら

[図表4－1] 贈与税の速算表

【一般贈与財産用】（一般税率）

基礎控除後の課税価格	200万円以下	300万円以下	400万円以下	600万円以下
税率	10%	15%	20%	30%
控除額	-	10万円	25万円	65万円
基礎控除後の課税価格	1,000万円以下	1,500万円以下	3,000万円以下	3,000万円超
税率	40%	45%	50%	55%
控除額	125万円	175万円	250万円	400万円

【特例贈与財産用】（特例税率）

基礎控除後の課税価格	200万円以下	400万円以下	600万円以下	1,000万円以下
税率	10%	15%	20%	30%
控除額	-	10万円	30万円	90万円
基礎控除後の課税価格	1,500万円以下	3,000万円以下	4,500万円以下	4,500万円超
税率	40%	45%	50%	55%
控除額	190万円	265万円	415万円	640万円

います」という意思の合致があった際に成立するとされているためです。そのため、書面を残す場合には、その書き方に十分注意してください。

また、いくら贈与をしたつもりでも、印鑑や通帳を渡していなかったり、そもそも相手が贈与を受けたことさえ知らなかったりすれば、それは単なる名義を借りただけの預金であり、相続時に被相続人の財産として足し戻されてしまいます。そうならないよう、贈与をした財産は、実際に子どもや孫に渡すようにしてください。なお、子どもや孫に早くからお金を渡してしまうことで「その子の人生をだめにしてしまうのではないか」と心配になる方も少なくありませんが、私の経験で言えば、「一生かけられる趣味に使うこと」「家を建てるときに使うこと」など、用途を限定するよう言い聞かせたうえで渡した場合に、うまくいっているケースが多いように思います。

また、生前贈与をされるのであれば、65歳など、できるだけ早くから始めたほうが良いです。なぜなら、亡くなる以前3年間にされた贈与のうち、相続や遺贈で財産をもらった方に対する贈与は、相続税の計算上なかったものとされてしまうためです。例えば、1億円の財産をもっている人が、余命宣告をされた際に慌てて長男と次男に1000万円ずつ計2000万円の贈与をし、相続が起きた際には財産が8000万円になっていたとしても、この2000万円の贈与はなかったものとされ、相続税の対象となる額は1億円のままなのです。

なお、支払った贈与税があれば、相続税の計算上考慮されます。亡くなる前3年以内にした贈与はこのような持ち戻し計算の対象となってしまいますので、生前贈与は早めから、計画的に行ってください。

このような暦年贈与を使った相続税対策は一見地味に感じるかもしれません。しかし、子どもや孫にコツコツと年数をかけて贈与をしていくことで、かなりの額の節税ができます。実際に、私の知っている方でも、この方法で何億円もの資産を生前に移転した方もいます。また、親族外へのキャッシュアウトを伴わないという点でも、より親族内にお金を残すことのできる相続対策の一つといえます。

相続時精算課税の活用

相続時精算課税制度は、年をまたいだ累計2500万円までが非課税で贈与できる制度で、累計2500万円を超えた分にかかる贈与税も一律20％とされています。制度の適用ができるのは、60歳以上の父母又は祖父母から、20歳以上の子又は孫に対する贈与に限定されており、それぞれの贈与者・受贈者間で適用の選択ができます。例えば、父から長男への贈与は相続時精算課税贈与を選択し、母から長男への贈与や父から次男への贈与は暦年贈与のままとすることも可能だということです。

一方で、相続時精算課税贈与は、贈与税の申告期間内に相続時精算課税選択届出書などを添付して申告をすることで適用ができます。

これだけを聞くと、とてもお得な制度に感じるかもしれませんが、実はそうではありません。なぜなら、相続時精算課税制度を使った贈与は、相続の際に全額が持ち戻され、相続税の対象となってしまうためです。例えば、1億円の財産のある方が相続時精算課税制度を使い、生前に1500万円を非課税で贈与して資産を8500万円に減らしたとしても、相続税の計算上はこれが全額持ち戻され、相続税の課税対象となる財産は1億円のままなのです。暦年贈与で持ち戻されるのは相続開始以前3年間の贈与のみである一方、相続時精算課税贈与の場合には、何年前のものであっても、すべてが持ち戻し計算の対象です。そのため、この制度は、原則として相続税の節税を目的とした生前贈与には使えません。

では、相続時精算課税はどのような場面で活用するのかといえば、それは、相続税並みの税額で、大きな財産を生前に渡したい場合です。なぜなら、相続税のほうが贈与税よりも基礎控除の額が大きいゆえに、相続税のほうが少ない税額になりやすいためです。例えば、自社株を生前に後継者に渡してあげたいとか、お金が必要な時期にまとまったお金を贈与してあげたいと思った場合、特例などを使わず通常の暦年贈与を行えば、かなりの額の贈与税がかかってしまいかねません。しかし、だからといって相続開始まで待っていては本来の目的を果たせず、本末転倒です。このような際に相続時精算課税制度を活用すれば、贈与税ではなく相続税で生前贈与ができるというわけです。

また、相続時精算課税制度のもう一つの活用方法としては、将来値上がりしそうな財産の生前贈与です。なぜなら、相続税の計算上持ち戻される額は、相続が起きた際の価額ではなく、贈与時点の価額であるためです。例えば、贈与時点で1000万円の評価額である財産が相続開始時に1億円になっていたとしても、相続税の対象として持ち戻される額は、1000万円となるわけです。

とはいえ、昨今ではそのように都合良く値上がりする財産はそう多くはありません。1つだけ可能性の高い財産があるとすれば、自社株です。自社株は一時的にあれば、役員退職金を支払うなどすることで、ある程度人為的に株価を下げることが可能です。このタイミングで、相続時精算課税制度を使って一気に後継者へと株式を移転してしまうのです。相続の際に株式を移転するとなれば、人がいつ亡くなるのかは誰にも分からないことである以上、その時点での株価はどうしても「運任せ」となってしまいますが、生前贈与であればタイミングを調整することができます。こうした場面で、相続時精算課税制度は活用できます。

なお、いったん相続時精算課税制度を選択すると、二度と暦年贈与に戻すことはできません。相続時精算課税制度は単に贈与税が非課税となるだけの制度ではありませんので、適用を選択する際は、相続対策を俯瞰して検討したうえで、慎重に考えてください。

［図表４－２］暦年贈与と相続時精算課税贈与

	暦年贈与	相続時精算課税贈与
対象	制限なし	60歳以上の父母又は祖父母から、20歳以上の子又は孫に対する贈与
適用手続き	特になし	相続時精算課税選択届出書等の提出が必要
非課税枠	年110万円	累計2,500万円
非課税枠を超えた贈与への贈与額	累進課税	一律20%
相続時の持ち戻し	相続開始前3年以内の一定の贈与のみ	全額

生命保険の活用

生命保険は、相続対策において非常に使い勝手の良いものです。なぜなら、生命保険は相続税節税への活用のみならず、納税資金の確保や遺留分対策などとしても活用できるためです。

なお、保険契約のかたちにはいくつかありますが、ここで見るものはすべて、被相続人である父の死亡により保険金が支払われる保険契約です。また、その保険料についても父自身が負担するパターンと、受取人である子どもが負担するパターンが考えられるので、この先を読む際には、このどちらについてのことなのかにも注意して読むと、理解しやすいのではないかと思います。

▼1　相続税節税のため

生命保険活用の1つ目として、まずは相続税の節税について解説します。これは、被相続人である父が保険料を負担してきた保険についての話です。子どもが保険料を負担した場合にはここで解説する非課税枠は使えないので、注意してください。

さて、そもそも、生命保険金に相続税はかかるのでしょうか。生命保険イコール非課税だと思っている方もいるようですが、実はそうではありません。亡くなった父が保険料を支払っていた保険契約により支払われた生命保険金は、相続税の対象となるのが原則です。そのうえで、要件を満たした一部の保険金だけは、相続税の計算上、非課税となります。

では、非課税となるのは、どのような保険金なのでしょうか。それは、受取人が相続人である生命保険金です。例えば、亡くなった父が保険料を支払っていた生命保険の保険金を長男が受け取った場合や、母が受け取った場合には、課税対象になります。一方で、養子縁組をしていない場合の配偶者の連れ子や、子どもが存命である場合の孫、内縁の配偶者など、相続人ではない方が受け取った生命保険金は、預貯金などの遺贈を受けた場合と同様に、相続税の課税対象になるのです。また、相続を放棄した方や相続権を失った方はもはや相続人ではありませんので、これらの方が受け取った生命保険金も、課税対象となります。

そして、非課税となる生命保険金の額には上限があります。その上限は、「500万円×

法定相続人の数」です。なお、ここで言う法定相続人の数は、相続税の基礎控除額と同様、養子の算入制限があるうえ、相続放棄があってもなかったものとして計算されるので、こちらも覚えておいてください。

この計算式に当てはめれば、例えば、配偶者と2名の子どもの計3名が法定相続人なのであれば「500万円×3名＝1500万円」が非課税となる上限だということです。なお、これはあくまでもその相続全体での非課税枠であり、配偶者と子ども2名に500万円ずつの枠があるわけではありません。例えば、父の相続で、母と長男、次男がそれぞれ400万円の生命保険金を受け取った場合には、合計額である1200万円が非課税枠1500万円以内に収まるため、すべての生命保険金が非課税となります。一方で、仮に母だけが1200万円の生命保険金をもらい2名の子どもは生命保険金をいっさい受け取らなかったようなケースもあるかと思いますが、この場合でも上記と同様、相続人の受け取った保険金の合計が非課税枠1500万円を下回るため、全額が非課税となるのです。

また、仮に相続人が受け取った生命保険金の合計額が非課税枠を超える場合には、その超える部分の金額のみが課税対象となります。1つ前の例で、母が受け取った生命保険金が2000万円であったのであれば、2000万円－非課税枠1500万円＝500万円が、相続税の課税対象となるわけです。

この生命保険金の非課税の制度を活用することにより、相続税を減らすことができます。なぜなら、相続人に対してお金を渡そうとする場合、それが預貯金であれば全額が課税対象となるのに対して、それが生命保険金であれば非課税枠が使えるためです。これは、相続における生命保険の活用として、代表的なものです。

▼2　納税資金確保のため

生命保険は、納税資金対策としても活用ができます。そもそも、なぜ相続が起きてすぐお金が必要なのかといえば、相続税や所得税の納税に必要となるためです。相続税の納税は、原則として相続発生の翌日から10カ月以内に行わなければなりません。仮になかなか遺産分割協議がまとまらない場合や、相続財産に不動産など換金が難しいものが多かった場合などには、その支払いに困窮してしまう可能性もあると思います。また、被相続人に事業や不動産賃貸などの収入があった場合には、4カ月以内に準確定申告もしなければなりません。支払うべき所得税が多額な場合には、こちらも納税資金の確保に困ってしまう可能性があるのです。

このような事態に備えることができるのが、生命保険です。なぜなら、生命保険金は通常、被相続人の預貯金を解約するよりも、かなり早く相続人の手元に渡すことができるためです。その理由は、受取人がきちんと定められている生命保険であれば、ほかの相続人と話し合いをしたり承諾を得たりすることなく、受取人が単独で受け取り手続きをすることができることにあります。請求手続きを速やかに行えば、亡くなってから1カ月以内にお金を手にできるケースも珍しくありません。一方で、被相続人の預貯金口座からお金を引き出すためには、遺産分割協議を成立させたうえで、手続きを踏まなければなりません。そのため、遺産分割協議が難航すれば長期間引き出せなくなってしまうほか、仮に遺産分割協議がスムーズにまとまったとしても、原則として遺産分割協議書のほか出生まで遡る戸籍謄本や除籍謄本などの提出が必要となるため、これらを用意するだけでも2カ月程度はかかることが多いのです。この点でも、生命保険は有利といえるのです。

なお、この場合の生命保険金の保険料は、親が直接保険会社へ支払っても構いませんし、子どもなど相続人になる予定の方が保険料を支払う形でも構いません。子どもが保険料を支払う原資としては、前述した年110万円以下の贈与税の非課税枠を活用し、父からの贈与でまかなう方法もあります。

▼3 遺留分対策として

遺留分とは、配偶者や子どもなど一部の相続人がもっている、最低限の相続での取り分です。この遺留分を侵害した遺言書を作成することは可能ではあるものの、相続が起きたあとで、侵害した遺留分に相当する分を金銭で支払ってくれという遺留分侵害額請求がなされる可能性があります。相続財産の大半が不動産や非上場株式など、分割して換金することが難しいものである場合には、この支払いに困ってしまう可能性があるのです。

生命保険は、このような事態に備えることも可能です。具体的には、財産を多く受け取った、遺留分請求を「されそうな人」を受取人にして、生命保険をかけておきます。例えば、多くの財産を長男に相続させるという遺言書を作成したものの、相続が起きたあとで次男から長男に対して遺留分侵害額請求がなされるかもしれないという場合には、契約者を父、保険金受取人を長男として生命保険をかけておくのです。こうすることにより、いざ遺留分侵害額請求をなされた場合に、長男が受け取ったその生命保険金から遺留分の支払いが可能となります。このような方法を「代償分割」と呼びます。

代償分割は、遺留分請求が生じそうな場合だけではなくても、分割して換金することが難しい現物資産を特定の相続人に相続させる場合に、広く使える方法です。

この場合の保険料は、直接支払っても良いですし、生命保険金の受取人としたい長男へ保険料相当分を生前贈与し、贈与を受けたお金を原資として長男が保険料を負担する形でも同様の効果が得られます。

ただし、保険金を受け取った相続人が、確実に代償分割をするように、遺言書で生命保険金で代償分割する旨の内容を指定しておくことが、トラブルを防止するポイントです。

▼生命保険活用の注意点

納税資金対策と遺留分対策として生命保険を活用する場合、保険料を被相続人である父が直接負担しても、支払原資を贈与して受取人である長男が負担しても良いと記載しました。では、結局のところ、保険料は父か長男、どちらが負担すれば良いのかというと、両者の主な違いは、かかる税金の種類と、保険金を受け取ったことがほかの相続人に知られるかどうかの2点です。

まず、かかる税金の種類について見ていきます。被相続人である父が保険料を負担した場合には、保険金は相続税の対象となります。そのうえで、長男は相続放棄等をしない限り相続人ですので、非課税枠の活用が可能です。一方で、父から生前贈与で受け取ったお金で長男が保険料を負担した場合には、受け取った保険金は長男の一時所得となり、所得税や住民税の対象となります。一時所得は50万円の特別控除がある点や、控除後の額も2分の1だけが課税対象となる点がメリットです。とはいえ、一時所得は他の所得と合算されて税額が計算されるため、もともと所得が高く高い税率が適用されている方が一時所得となる形で保険料を受け取ってしまうと、保険金にもその高い税率が適用されてしまいます。

次に、ほかの相続人に保険料を受け取ったことをいっさい知られたくないのであれば、長男が保険料を負担する形で契約するべきです。なぜなら、父が保険料を負担した生命保険の保険金は、相続税の申告書に記載されるため、ほかの相続人の目にも触れてしまうためです。仮に相続税の非課税枠内におさまる額だったとしても、その計算過程としては申告書へ掲載されることを知っておいてください。一方で、長男が保険料を支払ってきた場合には、原則としてほかの相続人に知られることはありません。このあたりも参考に、保険料の負担者も検討してみてください。

事業承継税制の活用

これは、経営者や事業をしている方に関連する特例であるため、特に親が経営者や事業をしていないという場合には、読み飛ばしても構いません。

事業承継税制とは、後継者が自社株などを先代経営者等から贈与や相続で取得した際、都道府県知事の認定を受けることにより、贈与税や相続税の納税が猶予又は免除される制度です。

しかし、私は、この制度をあまりおすすめしていません。事業承継税制の活用は、問題の先送りでしかないためです。事業承継税制を使った場合の贈与税や相続税は、決して非課税となるわけではなく、一時的に繰り延べの状態となっているので原則として、いつかはその猶予された税金を払わなければなりません。例えば、株式等を譲渡した場合や会社が解散した場合などには、それまで猶予されてきた贈与税や相続税を、利子税を加算したうえで支払う必要が生じる可能性が高いのです。新型コロナウイルスの蔓延により、事業の先行きを明確に見通すことなど困難だと実感された方も多いかと思いますが、そのような事態に直面した際、事業承継税制を使っていればそれが足かせとなり、取れる選択肢が限られてしまうことにもなりかねません。

事業承継税制を活用する際には、将来のリスクを正しく認識したうえで、慎重に適用を検討するべきです。

不動産を移転する

賃貸物件を多く持っている場合には、不動産を減らすことも相続対策の一つであると考えています。一時期流行したアパート建築による相続対策と逆行するようですが、その理由は主に４つあります。

1つは、不動産を減らしておいたほうが、相続が起きた際の分割や納税資金の確保がスムーズであるためです。遺産に占める不動産の割合が多ければ、きれいに分けることは困難であるため、不公平感などから〝争族〟につながってしまう可能性もあります。一方で、お金であれば、細かな調整をすることも可能であるため、比較的分割しやすいと言えます。

また、遺産に不動産が多ければ、相続税の支払い原資確保に苦しんでしまう可能性があるのです。しかし、現預金であればもらった以上に相続税がかかることはありませんから、納税資金の確保もスムーズになるといえます。これが、相続対策として不動産を減らしておいたほうがよいと考える2つ目の理由です。

3つ目としては、親が収益を生む不動産を持ち続けている限り親に賃貸収入が入り、相続税の対象となる親の資産がどんどん膨らんでいってしまうためです。ご生前、早い段階で次世代に収益不動産を移転すれば、以後の賃貸収入はそのまま子どものものとなり、これには相続税はかかりません。

そして、4つ目の理由は、賃貸収入にかかる所得税を減らすためです。相続対策と言うと相続税にばかり目が行ってしまいがちですが、実は毎年かかる所得税を減らすほうが、よほど効果的な場合も少なくありません。所得税は所得が多いほど税率も高くなりますが、子どもや孫などよりも税率の低い方に早期に収益不動産を移転することで、所得税の節減ができるのです。

所得税を減らす

相続税というと「高い」という印象をもっている人が少なくありませんが、実はそれほど高い税率がかかる人というのは多くはありません。相続税の最高税率は55％で、これだけを見れば確かに高いのですが、ここまでの税率がかかるのは、資産が何十億円もある方だけなのです。仮に資産が10億円あったとしても、法定相続人がお二人以上いればそこまでは到達しません。また、相続税は累進課税であり、一定の額を超えたからといって全額に対してその高い税率が課されるわけではない点もポイントです。１０３ページの相続税の速算表（図表3−2）を改めて見てください。例えば法定相続分に応ずる取得金額のうち2億円から3億円までは45％の税率ではあるものの、2億円以下の部分は40％、1億円以下の部分は30％……と、段階的に税率が課されています（その差額を、表の右側の「控除額」で調整しています）。このように、財産が多いからといって、財産全体に一律45％や40％といった高い税率で課税がされるわけではありません。全体の税率をならした実質的な税率でいえば15％以上かかるケースでさえ、相当な財産のあるお宅だという印象です。相続税は一気に課税されることから、その金額の大きさに驚いてしまう方も少なくありませんが、実はその税率は、そこまで高くはないのです。

一方で、所得税と住民税を合わせると、その税率は最低でも15％ほどにもなります。相続税で実質的な税率が15％を超える方はまれである一方、毎年の税金は住民税も合わせてその倍以上にもなる33％程度以上を支払っているという方は、そう珍しくありません。親のなかには、毎年１００万円程度やそれ以上の税金を支払っている方もいるのではないかと思います。これが年々積み重なれば、多くの人にとっては、相続税よりもよほど大きな額となります。

このように、所得税の税率は相続税よりもよほど高くなる場合も多いのです。そうであるにもかかわらず、所得税について相続税ほど敏感になっている方は、さほど多くはない印象です。これはおそらく、相続税が一括でかかることに対して所得税が毎年かかっていくものであることや、相続税は銀行窓口などで手続きをして納めるものであるのに対し、所得税は自動引き落としを設定している方も多いためかと思われます。つまり、なんとなく痛みが和らいでいるだけなのです。相続対策は将来設計だということは繰り返し書いてきていますが、そのためには相続税だけに着目するのではなく、相続税よりもよほど高い税率となり得る所得税にも目を向けてみてください。

なお、これは副次的な効果ではありますが、親の所得を下げることにより、親が病院にかかった際に病院で支払う医療費の自己負担割合が下がる可能性もあります。70歳以上の方が負担する医療費は原則として1割または2割（70歳から74歳の方は既に段階的に2割へと引き上げられており、今後75歳以上の方も2割へと引き上げられる予定です）とされていますが、現役並みの所得がある人は、高齢者であっても3割負担なのです。しかし、この負担水準の判断はあくまでも所得のみで行われ、保有している資産の額は関係ありません。つまり、仮に何億円もの資産をもっていたとしても、所得が現役並み以下でさえあれば、自己負担割合は1割または2割で済むのです。これも、意外と無視できないメリットと言えます。

資産管理会社の活用

とはいえ、収益不動産を子どもへと移すのは、簡単なことではありません。なぜなら、収益不動産をそのままポンと贈与をすれば、莫大な贈与税が課税されてしまいかねないためです。また、子どもがその不動産を買い取れるだけのお金をもっているケースもまれだと思います。そうかといって、1億円の価値のある不動産を子どもが100万円など低額で買い取れば、これもこの差額が贈与税の対象となってしまいます。

そのような際に活用を検討したいのが、資産管理会社の設立です。なぜなら、資産管理会社を活用することで、よりスムーズに子どもへ収益不動産を移転しやすくなるためです。具体的には、例えば、収益不動産をもっている親が、5000万円程度を出資して法人を設立します。そのうえで、親のもっている収益不動産のうち建物のみを会社が買い取り、建物を会社名義とするのです。もちろん、親が出資したお金だけでは親のもつ収益不動産を買い取ることは難しいケースが多いため、その場合には、設立した資産管理会社が不動産を担保に入れ、銀行からお金を借ります。これにより、会社の株価も一時的にゼロに近くなりますから、その時点で会社の株式を子どもへと移転するのです。そうすることで、贈与税もかからず、また、相続時精算課税制度などを活用するまでもなく、資産を詰め合わせた会社を子どもへ移転することができます。そのうえで、収益不動産から入る収入もその会社の利益とし、子どもはそこから給与を得ることも可能です。さらに、将来的にはその会社ごと第三者に売却するという選択肢をもつこともできますが、その際には不動産一つひとつを売却することに比べて不動産取得税や不動産仲介手数料がかからないというメリットもあります。

価値の高い不動産や、ある程度の数の不動産がある場合には、こうした資産管理会社を活用することも検討してください。ただし、資産管理会社の活用は一つ間違えると脱法行為とみなされて、ペナルティとしての高い税金が課されるリスクなどもありますので、その制度設計は、資産についての税金に詳しい税理士へ相談のうえ実行することをおすすめします。

小規模宅地等特例の活用

特に相続前の準備をしておかなくても使える対策として、「配偶者の税額軽減の活用」と「小規模宅地等の特例」の2つの特例があります。ただし、2つの特例はいずれも、相続税の申告をすることが適用の要件です。「特例を加味すれば相続税が0になるから」と自己判断をして申告をしなければ、特例の適用は受けられず、結果的に相続税が課税されてしまいます。これらの特例の適用を受けたい場合には、必ず期限内に相続税の申告をしてください。

小規模宅地等の特例とは、一定の要件を満たした場合に、相続税の計算上、土地を最大8割減で評価することができる特例制度です。例えば、1億円の土地であれば、特例の適用により、2000万円と評価ができます。この適用ができればかなり大きな相続税の節減につながりますので、ぜひ知っておきたい制度です。

この制度の対象となる土地には、大きく分けて、「居住用の土地」と「事業用の土地」があります。対象となる土地ごとにその主な要件と効果をまとめると、それぞれ次のとおりです。

□**居住用の土地**

・対象となる土地　被相続人の居住の用に供されていた宅地等または被相続人と生計を一にしていた被相続人の親族の居住の用に供されていた宅地等

・特例の適用が受けられる人　被相続人の配偶者または一定の要件を満たす親族（被相続人の居住の用に供されていた土地の場合には、被相続人に配偶者がいれば配偶者以外の親族は適用要件から外れます）

・限度面積　330㎡

・減額割合　80％

□**事業用の土地**

・対象となる土地　被相続人の事業の用に供されていた宅地等または被相続人と生計を一にしていた被相続人の親族の事業の用に供されていた宅地等

・特例の適用が受けられる人　その事業を相続税の申告期限までに引き継ぎ、かつ、その申告期限までその事業を営んでいる人

・限度面積　事業内容により、200㎡又は400㎡（いわゆる貸ビルの敷地や貸家の敷地であれば原則として200㎡、一般の事業用であれば原則として400㎡です）

・減額割合　事業内容により、50％又は80％（いわゆる貸ビルの敷地や貸家の敷地であれば原則として50％、一般の事業用であれば原則として80％です）

小規模宅地等の特例はその要件が複雑なうえ、適用の可否により税額に大きく影響する可能性があるため、適用を検討する場合には、あらかじめ税理士や税務署へ確認、相談することをおすすめします。

配偶者の税額軽減の活用

配偶者の税額軽減とは、配偶者が受け取った遺産のうち法定相続分又は1億6000万円のいずれか高いほうにかかる分までの相続税が無税となる制度です。

例えば、仮に配偶者が全体の2分の1相当、2名の子どもが各4分の1相当の財産をそれぞれ相続したと仮定して見ていきます。この場合には、相続税の総額である1125万円もこの割合で按分しますので、配偶者が1125万円×2分の1＝562・5万円、2名の子どもはそれぞれ1125万円×4分の1＝281・25万円を負担するはずです。しかし、この配偶者の税額軽減の適用を受けることにより、配偶者が支払うべき562・5万円はまるまる免除され、結果として2名の子どもが各281・25万の相続税を負担するのみで良いのです。

とはいえ、配偶者の税額軽減が使えるからというだけの理由で、配偶者にすべての財産を相続させるようなことは避けるべきです。なぜなら、次に二次相続が控えているためです。例えば、父の相続の際には配偶者の税額軽減を最大限に活用し、相続税がかなり安くなったとしても、次に待ち受ける母の相続の際には、もはや配偶者の税額軽減の活用はできません。加えて、基礎控除計算に影響する法定相続人も少なくなっているケースが多いです。安易に配偶者の税額軽減を最大限活用すれば、母の相続財産には、父からの相続で受け取った財産が多く乗っかってしまうため、トータルで見た際には、むしろ相続税が高くなってしまう場合もあるのです。

「1億6000万円まで相続税がかからない」と聞けば、とてもお得な制度に感じるのですが、あくまでそれは1回限り。これを「一次相続」と呼んだりします。夫婦間の財産の移動にかかる税金を最小限で良いとしているのは、結局のところ、その後、次世代への相続が行われる際（これを、二次相続と呼びます）には、きちんと課税されます。そのため、配偶者の税額軽減を最大限活用しようというスタートラインで考えるのではなく、二次相続のことまでしっかり試算をし、かつ配偶者の今後の生活のことも考慮したうえで、配偶者の取り分を検討したほうが良いと思います。

相続税に強い税理士を見つける

税金は本来、誰が計算をしても同じ結果となるはずです。しかし、良い税理士と出会うことで、二次相続まで踏まえたトータルで節税をすることが可能になるケースは少なくありません。なぜなら、相続税に強い税理士であれば、それまでの多くの経験を踏まえて、例えば複数の不動産をもっていた方が亡くなった場合に、どの不動産に優先的に小規模宅地等の特例を適用しようかということや、二次相続まで考えると配偶者の税額軽減をどの程度適用すれば良いのかといったことなどについて、入念なシミュレーションをして、適切なアドバイスをしてくれるためです。

また、相続税に強い税理士であれば税務調査で指摘がされやすい事項も熟知しているため、調査も踏まえて適切な申告を行ってくれる可能性が高いです。さらに、私は納税資金の確保に至るまでアドバイスをしていますが、そこまでの相談に乗ってくれる税理士ばかりではありません。そのため、相続税に強い良い税理士と出会うことも、広く見れば節税対策の一つといえるのです。

そして、できれば親の生前、元気なうちから税理士を探し、相談することをおすすめします。

［第5章］

相続対策で強まる家族の絆

～親が元気なうちに一緒に取り組む～

父の日記

竹内先生が実家を訪れてからちょうど10年後、身体に不調を感じた父が病院で診てもらい、末期の肺がんであることが分かりました。年齢と進行状況を考えて、手術はせずに緩和ケアを中心としましたが、約半年後、父は他界しました。86歳でした。

父が亡くなってから2週間ほど後、遺産分割の話し合いのため、渡辺と甥たちは竹内先生の事務所に集まりました。

遺産分割といっても、父は竹内先生のすすめにしたがって公正証書遺言を作成しており、また、そのおおまかな内容については、父が病気になってから、渡辺も甥たちも、父の口から直接聞かされていました。

そのため、揉めそうなことが特にあるわけでもなく、この会合は、公正証書遺言の内容を確認する手続きだろうと渡辺は考えていました。

皆が集まると、遺言書の説明に入る前に、竹内先生は段ボール箱を会議テーブルに置き、中から1冊の古いノートを取り出しました。

「これは、私がお父さまからお預かりしていたお父さまの日記帳です。1冊で2年分、それが20冊あります。すごいですよ、お父さまは。お姉さまが生まれてから、約40年間、ほとんど欠かさずに毎日、日記をつけていたのです。すばらしいことです。これを皆さまに渡してほしいとお父さまから言われていました」

どうぞ、と日記帳が手渡されました。表紙をめくると、1ページ目には、「自昭和X年1月1日　至昭和Y年12月31日」とあります。

昭和X年は、渡辺が生まれた年です。渡辺は自分の誕生日のページをめくりました。

「○月○日　晴れ　ついに産まれた。元気に泣く男の子だった。嬉しい。母さんもよくがんばってくれた。ただ嬉しい。いつか一緒に剣道をしたい。だが、元気で育ってくれればそれだけで十分だ。他にはなにもいらない。とにかく嬉しい」

短い日記のなかに「嬉しい」が3回も出てくる、つたない文章だが、逆にそれが、どれだけうれしかったのかを伝えてきます。渡辺は、胸が熱くなりました。

それからぱらぱらめくると、自分が熱を出したときに心配していること、仕事が忙しくて、なかなか自分と遊ぶ時間が取れないことを悔やんでいること、産後に体調を崩した母をいたわっていること、姉が自分の面倒を見てくれることを褒めていること、など、渡辺の知らない父の姿が、そこにはびっしりと書かれていました。渡辺は子どものころは身体が弱く、よく熱を出していたと母から聞かされたことがありましたが、父の日記にも渡辺を病院に連れて行く様子や、寝ないで看病している様子が、たびたび記されていました。

「知りませんでした。父さんのことを、何も」

渡辺は竹内先生に言いました。

「仕方ないですよ」

「知っていれば、もっと孝行もできたのに」

「その気持ち。ちゃんとお父さんは分かっていたんですよ。ここに……」

竹内は、皆に遺言書のコピーを渡し、最後のページをめくった。そこには、付言事項とあり、父から、渡辺たちへのメッセージが書かれていました。その一節には、こうありました。

「元太が幼い頃、病弱でよく熱を出して心配した。とにかく元気で長生きして欲しいと、それだけを願っていた。もうすぐ私の寿命は尽きるだろうが、このときまで元太が元気に生きてくれたことが、父さんは何よりも嬉しい。ありがとう。お父さんは何の心配もなく、安心して天国に行けます」

渡辺の目からは大粒の涙があふれ、遺言書を濡らしました。甥たちも泣いていました。だれも、なにも言葉を発することができませんでした。

そんな渡辺たちを、竹内先生はだまって、優しく見つめていました。

円満相続

遺言書に書かれていたとおり、X区の実家は渡辺が引き継ぎました。といっても、渡辺自身は、当面今のマンションに住み続けるつもりなので、引き継いだ自宅は賃貸に出すことを考えています。仏壇は、渡辺のマンションに移され、母と姉に加えて、父の位牌が並べられました。

また、父が掛けていてくれた生命保険の保険金は、父が亡くなった後、保険会社に連絡するとすぐに振り込まれました。遺言書どおりに、渡辺から甥たちへ、代償分割資金を支払います。相続税は、700万円ほど納税することになりましたが、それも生命保険金から支払えるので、問題はありません。

四十九日も済み、葬儀や相続にまつわることが一段落したあと、渡辺は久しぶりに坂下部長に電話をしました。部長はすでに会社を定年退職し、奥さん、子ども、孫と三世帯住居で悠々自適に暮らしています。正確に言えば元部長です。

「あのとき、部長に竹内先生を紹介していただいて本当に助かりました。ありがとうございます。今度、久しぶりに一杯やりに行きましょう」

「いいな。そのときには、俺たちの、子どもたちへの相続をどうするかを、いっしょに考えようじゃないか」

「部長は、そろそろですからね。私はまだまだ先ですから」

「俺もお前も、たいして変わらないじいさんだろ。わっはっは」

電話の向こうで笑う部長の顔を思い浮かべながら、(そろそろ、私も子どもたちに相続の話をしてみようか……子どもたちに、何を遺せるかな)と考えていました。

「3階建て」で考える相続

相続対策の目的は、親自身や、親亡きあとの将来設計にあります。「この節税対策を使うにはどうやって遺産を分けさせようか」「できるだけ相続税を払わないためにはどうしたら良いか」ということがスタートではなく、まずは親にとっての将来設計があったうえで、「では、そのために誰にいくら残そうか」「では、そのためにこの節税対策を活用しようか」と考えていくのが、本来の順番だと思います。ですから、まずは親の想いを知ることが重要なのです。

私は、親から子どもへとつなぐ相続について、「3階建て」で考えるべきだと思っています。

「3階建て」の1階部分は、親の生き方です。例えば、「人さまに迷惑をかけてはいけない」とか「人の不幸のうえに自分の幸福をつくってはいけない」などといった、親が考えている人としての正しい生き方、その想いを、まずは引き継いでもらいたいのです。

そして、2階部分は、親との思い出です。親と過ごした思い出を引き継ぎ、ぜひその想いを親とも話してみてください。その思い出は、特別なものやきらびやかなものである必要はありません。むしろ、「お母ちゃん、よく私の好きだった卵焼きとタコちゃんウインナーをお弁当に入れてくれたよね。だから、私も今、自分の子どもに同じお弁当をつくっているのよ」などといった日常の思い出こそ、〝相続〟すべきなのです。こういった日常を子どもが引き継いでくれることが、親にとってうれしいことではないかと思います。そのうえで、３階部分にようやく土地や建物、預貯金といった財産の相続が乗っかっているのです。大切なのは1階、２階、３階の順番です。

当然のことながら、親には親の生きてきた人生があり、考えがあり、子どもとはまた違った視点からみた思い出があります。親と相続の話をする際には、３階建ての3階部分を都合よくもらおうとするのではなく、その基礎となる1階や2階の部分をしっかりと受け継いでこそ3階の部分がついてくるのだということを、忘れないようにしてください。

まず「親の老後をどうするのか」から考える

そして、親と相続の話をするに際しては、「自分がいくらもらえるのか」「自分は相続で困らないのか」といった自分ありきの話からではなく、まず、親の老後をどうするのか、一緒に考えるところから始めてください。

親世代の方は、少なからず老後への不安を抱えているものです。平均寿命が年々延びている今、90歳以降まで長生きをする方も、決して珍しくありません。長生き自体はもちろん喜ばしいことではあるのですが、資金面で考えたときには、どうしても不安が残ってしまうのです。定年後に夫婦で95歳まで生きるには約2000万円の金融資産が不足する旨を金融庁が公表した、〝老後2000万円問題〟が一時期話題となりましたが、実際にサービス付き高齢者向け賃貸住宅（サ高住）に入るには、地域によっても異なりますが、介護のない「一般型」でも、だいたい一人あたり月額10〜20万円程度、「介護型」の場合なら、その倍程度はかかることが一般的です。さらに、それとは別に、初期費用も必要です。例えば10年入居するとなれば、相当な金額になります。

それでも、私の事務所のある静岡県浜松市のあたりでは、順番待ちの状態です。親もこうした状況下では、大なり小なり不安はあることかと思いますので、相続の話の前に、まずはこのあたりの不安を聞くところから始めてみてください。

また、親の所得税や医療費負担の不安に寄り添うのも一つです。いきなり「相続について考えよう！」と言われても実感が湧きにくい親も少なくないでしょうが、例えば「所得税を払いすぎて損をしているかもよ」とか、「こういうふうにしたら医療費が下がるらしいよ」といった話であれば、興味をもってもらえる可能性があります。

相続対策のベースとなるのは、親の将来設計です。施設の話や所得税、医療費の話は一見相続とは関係ないと思われるかもしれませんが、相続はあくまでも、こうした問題の延長上にあるものなのです。こうした話題を切り口とし、親の人生への想いを聞いていけば、自然と「ついでに、相続税もどのくらいか知っておこう」という話へとつながっていくと思います。また、親の気持ちに寄り添い信頼関係を築いていくなかで、自然と親のほうから子どもに対し、「そろそろ遺言書を作っておこうと思うのだけど、何から始めれば良いんだろう？」など、相続に関する相談を寄せてくれるかもしれません。私の経験でいえば、むしろ「親父が生きているうちに、全部使い切ってくれて構わないよ」といった心構えで話をされたほうが、親も安心されるのか、スムーズに話が進むことが多いように思います。

こうして一つひとつ親の想いを聞き、親の不安を一つずつ解消していくことが、より良い相続対策をしていくための土台、すなわち、3階建ての相続の1階を強固なものとしていくことにつながるのです。

相続を考えておくことは、生き方を繫ぐこと

相続対策の多くは、親がその資産をどのように管理して、次の世代に受け継ぐのかということにかかっています。子どもが、親の財産を自由に管理できないのは当然のことです。逆に言えば、相続対策をきちんと行っておくことは、「親としての責任」の一部であると私は考えています。財産の多い方はもちろんのこと、「うちにはたいした財産はない」と思っている方も同様です。もしかしたら、親としては、自身の祖父母や両親からの相続を経験したり見てきたりしたなかで、「私の親が亡くなったときも大丈夫だったから、次も大丈夫でしょう」と、感じているかもしれません。しかし、良くも悪くも、相続の常識が昔と変わっています。

再度確認しておきますが、以前は、家を継ぐ人が財産の大半を引き継ぐのが常識でしたし、法律もそのような形になっていました。だからこそ、特に何もしなくても相続争いに

ならないケースが多かったのです。しかし、今は「子であれば皆平等」という形へと法律も変わり、若い世代には、以前とは違う考え方をもっている人が少なくありません。もし親が、「わざわざ遺言書なんて書かなくても、家を継ぐ人が全部もらうのが常識でしょ」と、昔の感覚をもっていたとしたら、それはトラブルの種となります。

そんな種を遺さないためには、親が、元気なうちに、きちんとご自身の想いを反映した遺言書を作成しておくことが一番です。この点は親に理解してもらう必要があります。

また、繰り返しになりますが、2015年に相続税法が大きく改正された結果、相続税がかかる人が倍増しています。「相続税は一部の資産家だけにかかるものだから、うちみたいな家には関係がないよ」といった、古い常識は通用しないのです。都市部では、自宅の土地をもっているだけで相続税の対象となってしまうことも多いため、ぜひ一度自身の財産を洗い出し、相続税がかかるかどうかだけでも確認をしてください。相続税がかかる見込みであっても、親が元気な今のうちからであれば、さまざまな対策を講じることができます。しかし、何もしないまま亡くなってしまったり、倒れてしまったりすると、困るのは遺された子どもです。

子どもたちが困らないようにきちんと準備をしておくことが、やはり親としての責任ではないかと思います。

「相続」というと、どうしても「財産やお金の話」というイメージが先行してしまうかもしれませんが、それだけではありません。相続対策で最も大切なのは、親自身の生き方を後世に遺し、つないでいくことです。

親がこれまで生きてきた軌跡をきちんと遺し、次世代の家族に繋いでいくためには、親自身にも相続に対して協力してもらわなければなりません。子どものほうからも、ぜひそのような家族の絆を引き継ぐという観点から、親に働きかけてみてください。

ちなみに、相続対策とは少し離れるように感じるかもしれませんが、私は、親に日記をつけてもらうこともおすすめしています。その理由の1つ目としては、想いを伝えるツールとなるためです。なかなか面と向かっては子供に対し話しにくいことであっても、自身の想いを日記に書いておくことで、相続が起きたあとで読んでもらえる可能性が高くなります。ご自身の想いを日記に記しておくことで、親自身の人生や生き方を後世につないでくれるのです。

もう1つの理由は、日記に記しておくことで、大きなお金が動いた際の使途が明確になる点にあります。相続が起きてから通帳の記録などを見たとき、大きなお金が動いていると、同居の子どもなどが使い込みを疑われてしまうことがあります。しかし、例えば「200万円を払ってお墓をたてた」とか、「自宅の風呂をリフォームしたら100万円もかかった」などと日記に書かれていれば、その使途が明確となり、子どもが余計な疑いをもたれずに済むのです。また、税理士としても税務署から「これも相続税の対象となるのでは」などと突っ込まれた際に、日記に使途が書かれていれば、明確に反論ができます。

日記にはそんな効用があることを、家族みんなで話してみるのも良いかもしれません。

親の想いが受け継がれた相続の事例

比較的最近、私が担当した相続事例で、「しっかりと親の想いが受け継がれたな」と感じられたものを、3例ほど紹介します。

（1）10億円の借金を子どもたちに遺したA氏

A氏はA社の社長でした。存命中、かなり高齢のときに新工場を建設し、約10億円の借金をしました。普通であれば、親は子どもに借金を残したくないと思うものです。しかし、このA氏は目先のお金のプラスマイナスではなく、自分が築いてきた事業そのものを子どもたちに遺したいと考え、長期的に見て事業に必要であるとの判断から多額の借入をして設備投資をし、あえて借入も含めて子どもたちに遺したのです。

現在では、ご長男が塗装工場、次男は成型工場、娘さんの旦那さんが総務経理を担当と、それぞれ得意を活かしながら、会社を盛り立てています。まさに、お金よりも経営者としての想いを遺した例です。

（2）後継候補者の子どもがいるのに会社を売却したB氏

特殊建設業B社の社長B氏には、後継候補者となる子どもX氏がおり、社内で役員として働いていました。普通であればそのままX氏に会社を承継させるところですが、B氏はあえて、自社株式を他社に売却（M&A）したのです。自分は退職しましたが、X氏はそのまま会社に残らせます。その際に、買収先との間で、将来、X氏を経営者とする契約を結びました。今後、経営環境が厳しくなることが予想されるなかで、大企業のグループに入って資金調達の安定化を図るとともに、実質的な経営実務は子どもに引き継いでもらうという形で想いを遺す、見事な相続でした。

（3）96歳まで現役を貫いたC氏

C氏は一代で複数の会社を擁する企業グループを作り上げた敏腕経営者でした。70歳の頃に、社長の座は子のY氏に譲りましたが、数社の非常勤役員として仕事は続けました。もちろん、C氏は十分な個人資産を有しており、働く必要はなかったのですが、生涯経営者として仕事をしてきたC氏には、働くことが生きがいだったのです。

子のY氏は、相続財産が増えることを承知で、C氏にきちんと役員報酬と配当を支払い、C氏が体調を崩す96歳までしっかりと働いてもらいました。親に報酬を支払って相続財産を増やすことは、相続税課税の観点からは不利になるのですが、それでも親の想いを受け取って、生涯働いてもらうことを選んだY氏は、確かにC氏の想いを受け継いだのだといえます。

私自身の相続

私には夫はいますが、子どもはいません。執筆現在64歳ですが、9年前に夫が65歳になったタイミングで、二人で公正証書遺言を作りました。それぞれ、夫は私に、私は夫に財産債務を相続させるという内容です。私共のように子どもがいない夫婦の場合には、その先のことも考えておかなければなりません。例えば夫が先に亡くなって、夫の財産を私が相続できたとしても、その後私が亡くなった際には、私の財産はもはや夫に渡すことはできないためです。財産として残れば、私は創業をした税理士法人やタイ国にある関連法人などにも財産を渡そうと考えています。

実は、これは税務の観点からいえば、決して得策ではありません。なぜなら、認定NPOなどではない一般の法人に遺言書で寄付をした場合には、相続税ではなく法人税の対象になるのですが、これが相続税よりも高くなるためです。さらに、私がもっている土地を法人に遺贈すると、土地を時価で売却したものとして、所得税まで課税されてしまいます。

それでも私が自分の法人へ財産を遺贈するのは、次の時代を担う人を育てていくことが、私の使命であると考えているからです。税理士として私の想いややり方を踏襲してくれる人が一人でも多く育ってくれれば、それこそが、私にとっていちばんの相続なのです。

おわりに

本書には、私が30年間にわたり相続の現場で見てきた事例や想い、ノウハウを詰め込みました。ぜひ、家族の誰もが笑顔になれる円満な相続のため、役立てていただければ幸いです。

最後に、改めて伝えておきたいのは、相続において関係者全員が100%満足することなど、ほとんどないということです。それは、相続は単なるお金の問題ではなく、それまで積み重なった想いが報われたいと誰もが思っているからにほかなりません。親と一緒に暮らし、介護を担っている長男にとっては、そうした生活のなかの苦労から、「なぜ年に数回顔を出すだけの妹にまで相続の権利があるのだろう」と釈然としない想いがあっても不思議ではありません。一方で、実家を離れて暮らしてきた妹には別の苦労があったりしますから、「お兄さんは実家に住んで生活費も助けてもらってきただろうし、お兄さんの子はお父さんからたくさん援助も受けているだろうから、相続のときくらい私が多めにもらいたい」と感じているかもしれません。

このように、それぞれが異なる想いを抱くこと自体は、ある程度仕方のないことかと思います。いくら家族であっても、他者の想いをすべて知ることなど、不可能なのです。

問題なのは、こうした想いが相続を機に噴出してしまうことです。法律で決められた法定相続分がこの抑止力の一つとなるわけですが、やはりそれだけでは、十分とはいえません。なぜなら、法律はあくまでも法律であり、それぞれの家庭の事情までは加味されていないためです。

そこで、やはり最も重要となるのは、何度も書いてきたとおり、親自身の想いなのです。親自身の想いを反映した遺言書があり、なおかつ付言のなかでそのように分けてほしいと考えた理由や、親自身の想いが綴られていれば、よほどの事情がない限り、たとえ心のなかでは不満に思う部分があったとしても、「親父がそう書いているのなら、それに従おう」と納得しやすくなるのです。円満な相続のポイントは、関係者全員に、いかに「まあ、それなら仕方がないか」と納得、ある意味では妥協をしてもらうかにあるといっても過言ではありません。

そして、その段階へと進むためには、やはりまずは親に関心をもっていただかなければなりません。ただし、その時期が遅ければ遅いほど、取り得る対策はどんどんと狭まっていってしまいます。相続対策を考え始める最適なタイミングは、親が65歳を迎えた頃だと説明しましたが、65歳といえばまだまだ元気で、自身の〝死〟についてまだ現実味がない方が大半です。そうした状況下で自身の相続対策を真剣に考えてもらうためには、こまめに親子でコミュニケーションをとり、信頼関係を築いていくことが大切です。

しかし、そこに親子ならではの難しさもあります。子どもは当然ながらもはや幼い子どもではなく、社会経験も十分に積んだ立派な大人です。しかし、親からすれば、いつまでも自分の「子ども」です。いくら正論であっても、なかなか話に耳を貸してくれないこともあります。

また、ご家庭によっては、親との関係性が悪くなっていることもあるかもしれません。そんなときにはぜひ、税理士などの専門家も頼りにしてください。税理士の役割は、単に税金を計算するだけではありません。子どもからの話だと耳を傾けてもらえなくても、第三者である税理士の話なら聞いてもらえる場合もあります。もし感情のもつれがあったとしても、第三者が入ることで、それを解きほぐして、築き直すことができる場合もあります。

読者の皆さんには、ぜひ本書を参考として、親の想いや人生設計を大切にした円満な相続へとつなげてもらえれば幸いです。

最後となりましたが、本書の執筆にあたっては、幻冬舎メディアコンサルティングの澤口さんや、ライターの椎原さん、取材を快くお引き受けくださった各企業の社長の皆さまに多大なご協力をいただきました。心より謝意を表したいと思います。

2021年8月　イセキサイド税理士法人　所長　税理士　竹内恵子

特別寄稿

私は話をするときはいつも、「小学6年生でも分かるように」心掛けています。ところが税理士さんなどの専門家のお話は、難しくて、どうもよく分かりません。竹内さんにも、そう言ったことがあります。

税金の話を、専門用語を使わずに人に伝えることはやさしいことではありませんがこの本は、「おい渡辺、〝キソコウジョ〟って知ってるか？」「基礎工事ですか？」「違う。工事じゃなくて、控除。相続税の話だよ」というやり取りから始まって展開していく、父と子、子と税理士の会話形式で書かれています。

専門家向けの『解説書』のような堅苦しいものではなく、『入門書』として気軽にページをめくっていただければ良いと思います。

親が「相続させる」、或いは子が「相続する」ということは、古今東西、昔から今に至るまでずっと続いていることです。

そんな誰にとっても当たり前のことだから、皆特別に構えることでもないのでしょうが、それでももめる家族もあるということですから、是非ともこの本を読んでいただき、幸せな相続のための知識を得てもらいたいと思います。

私はよく『ワンマン経営者』と言われますが、経験・知見に裏打ちされた迅速な意思決定など、ワンマンにはワンマンなりの良さがあると思っています。ただ『俺の言うことを聞け』という具合に権力だけでやろうとしてはダメなんです。

家庭でも同じことで、親は長く生きている分、経験も実績も積んでいるものです。またこれまではワンマンでなければやってこれない時代でもありました。しかし、ワンマンな親父さんが、「あとは野となれ山となれ」とばかりに放り出すということはいけません。

企業においては後継者が、また家庭においては子どもたちが、後々困らないようにキチンとしておくのが、務めであり義務だと思います。

私は今年91歳になりましたが、今後の目標を『ＰＰＫ』にしています。『ピンピンコロリ』の略ですが、元気に長生きして、病まず苦しまずコロリと逝《い》こう、ということです。

生きている限り一生懸命働いて税金を納めてＰＰＫが理想ですね。

そうはいっても、人生何があるかは誰にも分かりません。ですから私は、体が自由に動かなくなってしまったら、『女房や子どもたちの世話にはならない』と決めています。そうなると、有料老人ホームに入ることになりますが、聞くところによると月20～30万円くらいかかるらしいですね。年金や保険である程度はカバーできますから、月15万円くらいあれば入れると思ってはいるのですが……。

とにかく、必要な分だけ手元に残しておこうと考えています。

世の中のおやじさん、おふくろさん、この本を読んで備えができたら、安心して

『いき』ましょう。自分の人生を『生《い》き』きり、後顧の憂いなく『逝《い》き』ましょう。私もこの本を読んで準備します。

相続について、竹内さんに質問すると、「ご相続は、家庭ごとにすべて事情が違います。十把一絡げにこういうものだといえることではなく、1件1件手づくりで行っていくものです」とはぐらかされますが、自分の相続に疑問をおもちの方は、まずこの本を読んでから竹内さんに相談されることをおすすめします。

最後になりますが、竹内さんについて一言だけ。周りの皆さんのために労を厭わず働く姿勢には常々頭が下がる思いです。時々『一言多いんじゃないかなぁ』と、思うこともありますがねぇ……。とにもかくにも何かあったら竹内さんに相談して下さい（笑）。

2021年7月吉日

鈴木 修

竹内恵子（たけうち けいこ）
イセキサイド税理士法人　代表社員

2000年の事務所開業以来、多くの相続案件を取り扱ってきた実績をもつ。単に相続税の申告計算を担うだけではなく、トラブルを未然に防ぎ、家族、関係者の全員が笑顔で納得できる「円満相続」を実現するための対策コンサルティングに定評がある。地元東海エリアの企業経営者からの信任も厚い。

本書についての
ご意見・ご感想はコチラ

突然の争族を防ぐ！
子が知っておくべき相続対策

二〇二一年八月二五日　第一刷発行

著　者　竹内恵子
発行人　久保田貴幸
発行元　株式会社 幻冬舎メディアコンサルティング
〒一五一-〇〇五一　東京都渋谷区千駄ヶ谷四-九-七
電話　〇三-五四一一-六四四〇（編集）
発売元　株式会社 幻冬舎
〒一五一-〇〇五一　東京都渋谷区千駄ヶ谷四-九-七
電話　〇三-五四一一-六二二二（営業）
印刷・製本　シナノ書籍印刷株式会社
装　丁　古矢伊織

検印廃止

Printed in Japan　ISBN 978-4-344-93219-7 C0033
幻冬舎メディアコンサルティングＨＰ　http://www.gentosha-mc.com/